KATZEN
RASSEN

KATZEN RASSEN

Dr. Bruce Fogle

coventgarden

coventgarden
by Dorling Kindersley

2000 unter dem Titel *Cats* für Dorling Kindersley produziert von PAGE*One*, Chesham

Bibliografische Information
Der Deutschen Bibliothek
Die Deutsche Bibliothek verzeichnet
diese Publikation in der Deutschen
Nationalbibliografie;
detaillierte bibliografische Daten sind im
Internet über http://dnb.ddb.de abrufbar.

Titel dieser englischen Ausgabe von 2002
Catalog

© Dorling Kindersley Limited, London, 2002
Ein Unternehmen der Penguin-Gruppe

© Text Bruce Fogle, 1997

© der deutschen Ausgabe by Dorling Kindersley
Verlag GmbH, Starnberg, 2006
Alle deutschsprachigen Rechte vorbehalten

Übersetzung Hildegard Adelmann
Redaktion und Satz Redaktionsbüro Weinberger, München

ISBN 10: 3-8310-9041-6
ISBN 13: 978-3-8310-9041-9

Colour reproduction by Colourscan, Singapore
Printed and bound in Singapore by Star Standard

Besuchen Sie uns im Internet

www.dk.com

Hinweis
Die Informationen und Ratschläge in diesem
Buch sind von den Autoren und vom Verlag
sorgfältig erwogen und geprüft, dennoch kann
eine Garantie nicht übernommen werden.
Eine Haftung der Autoren bzw. des Verlags und
seiner Beauftragten für Personen-, Sach- und
Vermögensschäden ist ausgeschlossen.

Einführung
Geschichte der Auswahlzucht 6
Erläuterungen zum Rasseteil 10

Langhaarkatzen
Perser 16
Neuere Perserfarben 22
Colourpoint-Langhaar 28
Birma 34
Ragdoll 40
Maine Coon 46
Maine-Coon-Varietäten 52
Norwegische Waldkatze 58
Sibirische Waldkatze 64
American Curl 70
Munchkin 74
Scottish Fold 78
Selkirk Rex 82
Türkisch Van 86
Cymric 92
Nebelung 96
Türkisch Angora 100
Somali 106
Chantilly/Tiffany 112
Tiffanie 116
Balinese 120
Neuere Balinesen 126
Angora 132
Orientalisch Langhaar 138
La Perm 142
Kurilen-Stummelschwanzkatze 146
Japanische Stummelschwanzkatze 150
Rasselose Langhaarkatzen 154

INHALT

KURZHAARKATZEN
Exotisch Kurzhaar 158
Britisch Kurzhaar 164
Neuere Farben der
Britisch Kurzhaar 170
Manx 176
Selkirk Rex 182
Scottish Fold 186
Amerikanisch Kurzhaar 190
American Wirehair 196
American Curl 200
Munchkin 204
Snowshoe 208
Europäisch Kurzhaar 212
Kartäuser 218
Russisch Kurzhaar 224
Havana Brown 228
Abessinier 232
Spotted Mist 238
Singapura 242
Korat 246
Bombay 250
Asian-Rassen-Gruppe 254
Amerikanische Burma 262
Europäische Burma 268
Tonkanese 274
Siam 280
Neuere Siamfarben 286
Orientalisch Kurzhaar 292
Neuere Orientalisch Kurzhaar 298
Japanische Stummelschwanz-
katze 304

La Perm 308
Cornish Rex 312
Devon Rex 318
Sphynx 324
California Spangled 328
Ägyptisch Mau 332
Ocicat 338
Bengal 344
American Bobtail 350
Pixiebob 354
Rasselose Kurzhaarkatzen 356

KÖRPER DER KATZE
Katzen-Genetik 360
Fellfarben 366
Fellmuster 374
Gesichtsform und Körperbau 380

Augenform
und Augenfarbe 388
Register 392

GESCHICHTE DER AUSWAHLZUCHT

Menschen halten bereits seit Jahrtausenden Katzen als Haustiere. Doch die Auswahlzucht wird erst seit dem vorletzten Jahrhundert betrieben. Ausstellungen förderten Ende des 19. Jahrhunderts die Gründung von Rassekatzenverbänden. Die ersten Rassen basierten auf jenen, die sich natürlich entwickelt hatten. Bald schon nutzten viele Züchter die neuen Erkenntnisse der Vererbungslehre und schufen eine ganze Palette von Fellfarben und -mustern. So kam man in der Rassekatzenzucht zu beachtlichen Ergebnissen.

Ursprünglich oder modern?
Das Fellmuster der Birmakatze könnte sich auf natürliche Weise entwickelt haben. Es wird aber behauptet, es sei Menschenwerk.

DIE ERSTEN ZUCHTVERBÄNDE

Die Katzenausstellung, die 1598 während der St. Giles Messe im englischen Winchester stattfand, war vermutlich die erste ihrer Art. In jener Zeit spielte die Geschicklichkeit einer Katze bei der Mäusejagd mit Sicherheit eine genauso wichtige Rolle wie ihr Wesen und ihr Aussehen. Wahrscheinlich zur selben Zeit entstand in Thailand eine Handschrift (»Buch der Katzengedichte«), in der unterschiedliche Katzentypen und Fellfarben beschrieben sind. Die erste offizielle Rassekatzenausstellung hielt man 1871 in London ab. Organisiert wurde sie von einem der drei Preisrichter: Harrison Weir, der auch die Standards für alle gezeigten Rassen verfasst hatte. Die erste Ausstellung in Nordamerika organisierte James T. Hyde 1895 in New York im Madison Square Garden. Champion wurde eine Maine Coon. Es bildeten sich Verbände, die dann feste Regeln für Ausstellungen erarbeiteten: 1887 wurde in Großbritannien unter der Präsidentschaft von Harrison Weir der National Cat Club gegründet. 1896 entstand mit dem American Cat Club der erste Zuchtverband Nordamerikas.

MODERNE ZUCHT-DACHVERBÄNDE

Der weltweit größte Dachverband ist die Cat Fanciers' Association (CFA), gegründet 1906, der Clubs in den USA, Kanada, Südamerika, Europa und Japan angehören. Die Zuchtbuchführung wird bei der CFA sehr streng gehandhabt, man lässt beispielsweise bei der Burmakatze nur vier Farben zu. Aufgeschlossener zeigt sich die 1979 in Nordamerika gegründete International Cat Association (TICA), die neue Rassen schneller als andere Verbände anerkennt und damit Experimente fördert. Der ebenfalls recht liberale britische Dachverband Governing Council of the Cat Fancy (GCCF) formierte sich 1910 (Verbände in Südafrika, Neuseeland und Australien). In Europa sammeln sich die meisten Katzenzuchtverbände unter dem Dach der Fédération Internationale Féline (FIFé).

8 EINFÜHRUNG

ALTE UND NEUE RASSEN

Katzenrassen lassen sich in zwei Gruppen, die zeitlich nacheinander auftraten, einteilen. Zuerst kamen jene Rassen, die auf natürliche Weise – meist in isoliert lebenden Katzenpopulationen – entstanden. Viele von ihnen sind durch eine bestimmte Fellfarbe oder -zeichnung gekennzeichnet. Diese sind genetisch fast immer rezessiv und werden rein weitervererbt. So ist beispielsweise die Bänderung (Ticking) der Abessinierkatze rezessiv und wird durch die Auswahlzucht verstärkt. Andere Bestimmungsmerkmale sind auffällige Mutationen, z. B. bei der Japanischen Stummelschwanzkatze (*S. 150*) oder der schwanzlosen Manx (*S. 176*). Von einigen Rassen entstanden Typen, die dann als eigene Rassen anerkannt wurden, z. B. Britisch, Amerikanisch und Europäisch Kurzhaar (*S. 164, 190 und 212*), die Norwegische oder die Sibirische Waldkatze (*S. 58 und 64*) und die Maine Coon (*S. 46*). Ein wesentliches Merkmal dieser frühen Rassen ist die Haarlänge.

Charakterkatzen
Besonderen Wert legt man heute auf das Wesen der Katze. Die sanfte Ragdoll ist eines der besten Beispiele.

GESCHICHTE DER AUSWAHLZUCHT 9

Inselrasse
Die Japanische Stummelschwanzkatze konnte sich nur in dem naturgemäß eng begrenzten Genpool einer Insel entwickeln.

In jüngerer Zeit züchtete man gezielt und mit fast wissenschaftlichen Methoden neue Rassen, wie in Großbritannien die Orientalisch Kurzhaar (S. 292), Ocicat (S. 338) oder die Angora (S. 132). Im Lauf des 20. Jahrhunderts hat sich die Katzenwelt verändert, es sind mehr neue Rassen entstanden als in der ganzen bisherigen Geschichte der Hauskatze. Züchter behaupten, sie könnten sogar mit einem kleinen Genpool gesunde Katzen erzüchten, wenn sie alle gesundheitlichen Aspekte beachten. Nach einiger Zeit können sich jedoch dennoch Erbkrankheiten und Immunschwächen bei den Tieren bemerkbar machen.

ERLÄUTERUNGEN ZUM RASSETEIL

Noch vor wenigen Jahrzehnten gab es lediglich eine Hand voll anerkannter Rassen. Heute sind es Dutzende. Zuchtverbände ließen neue Mutationen zu. Durch die Einführung weiterer Fellfarben und Haarlängen schuf man neue Rassen aus den bestehenden. Die Rassen eines Landes wurden auch in anderen Ländern anerkannt.

DIE RASSEBESCHREIBUNGEN

Die grundlegenden Informationen über eine Rasse – Geschichte, Name, Einkreuzungen, Wesenszüge usw. – sind stichwortartig in einem Kasten aufgelistet, um einen raschen Überblick zu ermöglichen. Da solche Kurzinformationen jedoch nie einen vollständigen Eindruck vermitteln können, finden sich ergänzende Details jeweils in der Beschreibung der Rasse und ihrer Geschichte. Weitere Hinweise zu Körperbau, bestimmten Farben und wichtige Anmerkungen zum Standard sind in den Bildlegenden der großen und kleineren Fotos enthalten.

Auf einen Blick
Hier findet man in Stichworten die Informationen über Geschichte, Name, Einkreuzungen, Gewicht und Wesen

ERLÄUTERUNGEN ZUM RASSETEIL 11

Bildlegende
Forderungen des Rassestandards bei Ausstellungskatzen

Großes Bild
Zeigt die körperlichen Merkmale – möglichst anhand der auffälligsten oder beliebtesten Farbe der Rasse

Blau
Der Nebelung-Standard gleicht dem der Russisch Blau. Gefordert werden auch hier: geschmeidiger Körper, silberne Haarspitzenfärbung und Semilange beim doppellagigen Haarkleid.

Einleitender Text
Vorstellung der Körper- und Wesensmerkmale der Rasse

SCOTTISH FOLD

Die langhaarige schottische Faltohrkatze hat die gleichen Ohren wie ihre kurzhaarige Verwandte (S. 186). Wie alle Langhaarrassen sieht sie im Winter am besten aus, wenn sie stolz ihre imposante Halskrause, die eleganten »Reithosen« und ihren mächtigen, buschigen Schwanz trägt. Zur Welt kommen alle Jungen mit geraden Ohren, die sich ab der dritten Woche zu falten beginnen. Die Gelenkprobleme, die aus der Verpaarung dieser Katzen untereinander resultieren, zeigen sich nach vier bis sechs Monaten. Der kurze, verdickte Schwanz kann bei einem langhaarigen Jungen fehlen.

GESCHICHTE DER RASSE Katzen mit Falt- oder Hängeohren gibt es seit mehr als zweihundert Jahren. Alle schottischen Faltohrkatzen stammen jedoch von der weißen Bauernkatze Susie ab, die 1961 in Schottland geboren wurde. Die Genetiker Pat Turner und Peter Dyte überwachten die Entwicklung der Rasse und fanden bei Susie das Langhaargen, das auch kurzhaarige Abkömmlinge weitergeben können und das erst in späteren Generationen wieder sichtbar wird. Da man keine langhaarigen Rassen einkreuzt, ist die Fold noch immer selten.

FARBSCHLÄGE
Alle Farben und Muster, einschließlich Abzeichen, Sepia und Mink, sind anerkannt

BRAUN-TABBY | BLAU-TABBY
LILAC | WEISS

Blau-Smoke und Weiß
Dem Standard zufolge hat diese Katze zwei Fehler. Die Ohren liegen nicht dicht genug am Kopf. Das Gesicht zeigt Tabbymuster, statt des verlangten reinen Blaus.

Gut gerundeter Kopf mit ausgeprägten Wangen und Schnurrhaarkissen

Das mittellange, weiche Fell steht vom Körper ab

Geschichte der Rasse
Entwicklung der Rasse vom Ursprung bis zur Anerkennung als Rasse

Farbschläge
Offiziell anerkannte Farben stehen in Grundschrift, weitere mögliche Farben in Kursivschrift

12 EINFÜHRUNG

ANMERKUNGEN ZU DEN RASSEBESCHREIBUNGEN

Zu jedem Porträt gehört die Beschreibung des Aussehens und der Wesensmerkmale der Rasse. Während das Äußere der Katzen innerhalb einer Rasse weitgehend übereinstimmt, können sich die Tiere in ihrem Wesen erheblich voneinander unterscheiden. Viel hängt hierbei von den Erfahrungen der einzelnen Katze ab. Die Rubrik »Geschichte der Rasse« umreißt die Vorfahren und den Weg zur offiziellen Anerkennung. Bei einigen Rassen lässt sich die Geschichte leicht zurückverfolgen, bei anderen herrscht so manche Unklarheit. Um ältere Rassen ranken sich manchmal romantische Legenden und selbst bei einigen der neueren Rassen ist der genaue Ursprung häufig umstritten

DIE SYMBOLE

Die Angaben zu den Wesenszügen der einzelnen Rassen basieren auf Fragebögen, die Züchter und Rassezuchtvereine ausgefüllt haben. Daraus ergibt sich ein Querschnitt. Aber nicht alle Symbole treffen auf die einzelne Katze zu: Es soll sogar schweigsame Siamkatzen geben!

WENIG PFLEGE   MÄSSIGE PFLEGE   VIEL PFLEGE

STILL   LAUTFREUDIG

RUHIG   GESELLIG   AKTIV   ZURÜCKHALTEND

Umstrittener Status

Aufgrund ihrer Abzeichen würden die meisten Zuchtverbände diese Orientalisch-Kurzhaar-Kätzchen als Siamesen anerkennen. Manche Verbände jedoch, wie die CFA, stufen sie lediglich als »irgendeine andere Varietät« ein.

ERLÄUTERUNGEN ZUM RASSETEIL 13

INTERNATIONALE UNTERSCHIEDE

Nicht alle Zuchtverbände erkennen dieselben Rassen oder dieselben Farben oder Fellzeichnungen einer Rasse an. Eine Rasse kann sogar in verschiedenen Ländern ein unterschiedliches Aussehen haben: Die in Europa anerkannten Siamfarben werden von der CFA in Nordamerika als getrennte Rassen geführt. Angaben über Farben, die von den maßgeblichen Dachverbänden – GCCF (Großbritannien), FIFé (Kontinentaleuropa), CFA (Nordamerika, Japan) – anerkannt werden, sind in Grundschrift gesetzt, zusätzliche Farben, die vorkommen, aber nicht oder von anderen Verbänden anerkannt werden, stehen in Kursivschrift.

LANGHAARKATZEN – EINFÜHRUNG

Genetisch gesehen, verfügen alle Lang-Haarkatzen über das rezessive Allel, das bewirkt, dass ihr Haarkleid länger wächst als das ihrer wild lebenden Vorfahren (S. 362). Bei der Langhaarigkeit handelt es sich mit einiger Sicherheit um eine einfache Mutation. Über die Herkunft der Langhaarkatzen weiß man wenig. Vor Jahrhunderten lebten solche Katzen in

Norwegische Waldkatze
Bei Rassen, die sich in rauem Klima entwickelt haben, wie die Norwegische Waldkatze oder die Maine Coon, verrät das Fell ihre Herkunft. Das Deckhaar ist meist Wasser abweisend und das Unterhaar wärmeisolierend.

Zentralasien. Einige von ihnen gelangten nach Europa. Der französische Katzenexperte Dr. Fernand Mery bewies, dass einzelne Exemplare 1550 nach Italien importiert wurden. In Europa bezeichnete man die frühen Langhaarkatzen als russisch, französisch oder chinesisch. Drei Jahrhunderte vergingen, bis für diese Tiere eine Klassifikation eingeführt wurde. 1871 – nach der Katzenausstellung im Londoner Crystal Palace – veröffentlichte man erstmals Standards für Perserkatzen, die man zunächst einfach nur Langhaarkatzen nannte (S. 16), und für die Angoras. Einige Langhaarrassen, wie die Tiffanie (S. 116) und Nebelung (S. 96), entstanden, indem man das Langhaargen in Kurzhaarrassen einführte.

Somali
Langhaarige Kätzchen kamen häufig in Würfen der Abessinier vor. Es dauerte aber Jahre, bis man daraus eine eigene Rasse – die Somali – erzüchtete. Sie zählt heute zu den beliebtesten Rassen in Nordamerika.

16 LANGHAARKATZEN

PERSER

Perserkatzen leben meist in der Wohnung. Diese edlen Stubentiger beobachten gelassen ihre Umgebung und sind, wie Tiermediziner festgestellt haben, die ruhigsten und am wenigsten aktiven Katzen.Und sie sind am ehesten bereit, andere Katzen in ihrem Heim zu akzeptieren. Diese Rasse ist aber keineswegs völlig passiv. In Europa haben Rassekatzen mehr Auslauf im Freien als anderswo und eine Perserkatze, die nach draußen kommt, bewacht ihr Revier, fängt und tötet Mäuse. Trotz ihres stark verkürzten Gesichtes gelingt ihr das Beutemachen erstaunlich leicht. Das Fell braucht täglich viel Pflege; nicht selten müssen Tierärzte verfilztes Fell scheren. Rassespezifische Probleme sind u. a. polyzystische Nieren und Hodenhochstand.

PERSER 17

Die großen, runden Augen stehen weit auseinander

Die kleinen Ohren mit den runden Spitzen sind tief angesetzt

Kurze, breite Nase mit deutlichem Stop

Der Nacken ist kurz, dick und kräftig

Blau
Das verkürzte Gesicht verleiht der Perserkatze den so beliebten kindlichen Ausdruck, kann aber zu Gesundheitsstörungen führen. Das Blau gehört zu den ältesten Fellfarben und war schon 1871 auf der Londoner Katzenausstellung zu bewundern. Der Standard fordert ein mittleres bis blasses Blau, orange- oder kupferfarbene Augen. Unerwünscht: weiße Haare, Schattierungen oder Tabbyzeichnungen.

18 LANGHAARKATZEN

> FARBSCHLÄGE
>
> **EINFARBIG UND SCHILDPATT**
> Schwarz, Chocolate, Rot, Blau, Lilac, Creme, Schildpatt, Chocolate-Schildpatt, Blau-Creme, Lilac-Creme, Weiß (blaue, orangefarbene oder verschiedenfarbige Augen)
>
> **SMOKE**
> Farben wie zuvor, außer Weiß
>
> **SCHATTIERT**
> Silberschattiert (grüne Augen), Rotschattiert-Cameo, Golden, Cremeschattiert-Cameo, Schildpatt-Cameo, Blau-Creme-Cameo
> *Andere einfarbige und Schildpattfarben*
>
> **TIPPING (HAARSPITZENFÄRBUNG)**
> Chinchilla, Rot-Shell-Cameo, Creme-Shell-Cameo, Schildpatt-Cameo, Blau-Creme-Cameo
> *Andere einfarbige und Schildpattfarben*
>
> **TABBY (NUR GESTROMT)**
> Braun, Chocolate, Rot, Blau, Lilac, Schildpatt, Chocolate-, Blau- und Lilac-Schildpatt
> *Creme und andere Tabbymuster*
>
> **SILBER-TABBY (NUR GESTROMT)**
> Silber
> *Andere Tabbyfarben und -muster*
>
> **ZWEIFARBIG (STANDARD UND VAN)**
> Alle zugelassenen einfarbigen, Schildpatt- und Tabbyfarben mit Weiß
> *Alle einfarbigen und anderen Farben, wie Smoke, Silber-Tabby mit Weiß*

Perser Rot und Weiß

Anfangs waren bei den zweifarbigen Perserkatzen nur Weiß mit Schwarz, Bl Rot oder Creme erlaubt. Symmetrisch Abzeichen werden nicht mehr verlang

Der volle, kurze Schwanz ist gut proportioniert

PERSER 19

Silberschattiert
Früher zählte man diesen grünäugigen Farbschlag zur Chinchilla. Der Unterschied liegt in der Länge des Tippings. Heute werden die Farbschläge separat bewertet.

Der Körper ist groß, gedrungen und gut bemuskelt

Das lange Fell ist dick, jedoch nicht wollig

GESCHICHTE DER RASSE Die ersten dokumentierten Vorfahren der Perserkatzen wurden 1620 von Pietro della Valle aus Persien nach Italien gebracht und etwa zur gleichen Zeit von Nichola-Claude Fabri de Peiresc aus der Türkei nach Frankreich. In den folgenden zwei Jahrhunderten nahmen die langhaarigen Nachfahren dieser Tiere unter vielen Namen den Platz eines Statussymbols ein. Im späten 19. Jahrhundert züchtete man die Perserkatze nach dem von Harrison Weir entwickelten Standard. Der ursprüngliche gedrungene Körperbau ist erhalten geblieben, während andere Merkmale sich gravierend verändert haben. Offiziell anerkannt wurde die Rasse um die Wende zum 20. Jahrhundert.

Das Fell ist weich

AUF EINEN BLICK

ENTSTEHUNG Im 19. Jahrhundert
URSPRUNGSLAND Großbritannien
VORFAHREN Mittelöstliche Langhaarkatzen
EINKREUZUNGEN Keine
SYNONYM Longhair im Englischen
GEWICHT 3,5–7 kg
Temperament Beobachtet gern und gelassen, akzeptiert andere Katzen

PERSER 21

Brauner Tabby
Gestromt (Blotched Tabby) ist die traditionelle Fellzeichnung der Perserkatzen. Inzwischen sind auch andere Tabby-Perser (wie Blau-Tabby) anerkannt. Braun, die ursprüngliche Farbe, kennzeichnet den natürlichen Tabby.

Der Nacken ist kurz, dick und kräftig

Neuere Perserfarben

Ursprünglich wurden nur wenige Perserfarben anerkannt. Heutzutage züchtet man Perserkatzen in zahlreichen Farbtönen. Fell, Körperbau und am stärksten das Gesicht veränderten sich bei dieser Rasse im 20. Jahrhundert. Das Gesicht der frühen – weniger kompakten – Perserkatze war zwar kurz, aber nicht flach. Während man in Europa eine gemäßigte Nase vorzieht, bevorzugen amerikanische Züchter ein möglichst flaches Gesicht. Extrem ausgeprägt ist dies bei der Perser mit »Peke Face«. Wegen der damit verbundenen Verengung der Nasenlöcher und Tränengänge ist dieses Aussehen nicht wünschenswert.

Golden
Die tief dunkelbraun gefärbten Haarspitzen auf Apricot lassen die Katze wie eine goldene Version der Silberschattierten erscheinen. Man unterscheidet Shell- und Goldschattiert. Die Vererbung der Farbe ist noch ungeklärt.

NEUERE PERSERFARBEN 23

Kupferfarbene Augen

Die Farbe ist gleichmäßig

Der Schwanz trägt lange, buschige Haare

Creme-Shell-Cameo

Chinchilla und Silberschattiert wurde von den Zuchtverbänden schon früh anerkannt. Perser mit Tipping (Haarspitzenfärbung) entstanden erst in den 1950er Jahren. Dieser Farbschlag ist im Grunde genommen eine Creme-Chinchilla mit warmtonigem Tipping und leuchtend kupferfarbenen Augen.

24 LANGHAARKATZEN

Das Fell ist lang und dick

Das Fell soll wie eine Mischfarbe wirken

Blau-Creme
Diese Farbe kennt man seit den Anfängen der Perserzucht. Dennoch wurde sie erst 1930 anerkannt, da man die Vererbungsweise der Fellfarbe noch nicht herausgefunden hatte. Blau-Creme-Perser tauchten bis dahin eher zufällig in Würfen auf.

Der Schwanz ist cremefarben

NEUERE PERSERFARBEN 25

Cremeschattiert-Cameo

Die Farbtönung dieser Cameo ist heller und kühler als die der Rotschattiert-Cameo. Schattierte Cameos gibt es auch in Creme, Schildpatt und Blau-Creme. Die ursprüngliche Zucht erfolgte mit Schildpatt-Katzen. (Silberschattiert hat einen anderen Ursprung.)

Das Fell ist sehr zart schattiert

26 LANGHAARKATZEN

Die kleinen Ohren sind gerundet und tief angesetzt

Chocolate und Weiß

Schildpatt und Weiß wurden in den 1950er Jahren anerkannt, die Zulassung anderer Farben erfolgte rund zehn Jahre später. Seit 1971 erlaubt der Standard farbige Partien auf dem Weiß, das ein Drittel des Fells einnimmt. Heute sind alle Farben und Muster in der Standard- und Van-Verteilung gestattet.

Getupfte Unterseite

Die großen, runden Pfoten sind büschelig behaart

Der Schwanz ist meist gefärbt

Rotschattiert-Cameo
Von Anfang an war das Inhibitorgen in den Perserkatzen vorhanden. Cameos wurden aber erst in den 1950er Jahren in den USA erzüchtet und 1960 von der CFA anerkannt. Danach fanden sie weltweit das Interesse der Züchter. In Europa begann 1962 die Zucht von Cameos.

COLOURPOINT-LANGHAAR

Bei dieser Variante der Perserkatze (vermutlich die erste gezielte Kreuzung zweier Rassen) fand die erste anerkannte »Übertragung« der Siamabzeichen (S. 280) auf eine andere Rasse statt. Diese Colourpoint hat das üppige Fell der Perser und das exotische Muster der Siam. Die Augenfarbe ist nicht so intensiv wie bei der Siam.

COLOURPOINT-LANGHAAR 29

Seal-Point
Die Maske einer geschlechtsreifen Colourpoint soll nur das Gesicht bedecken und sich nicht auf den Körper ausdehnen. Kater haben eine größere Maske als Kätzinnen.

> #### FARBSCHLÄGE
>
> **EINFARBIG UND TORTIEABZEICHEN**
> Blau, Chocolate, Creme, Lilac, Rot, Seal, Blau-Creme, Chocolate-Tortie, Lilac-Creme, Seal-Tortie (Tortie = Schildpatt)
>
> **TABBYABZEICHEN**
> Farben wie zuvor.
>
>
>
> CREME-TABBY-POINT   ROT-POINT
>
>
>
> BLAU-POINT   SEAL-TABBY-POINT

Der Körper ist groß bis mittelgroß, die Beine kurz

Die Schattierung entwickelt sich bei älteren Katzen

30 LANGHAARKATZEN

Chocolate-Point
Die braunen Abzeichen auf dem elfenbeinweißen Körper sollen in Ton und Tiefe gleichmäßig sein.

Kleine, gerundete Ohren, die sich an der Basis nicht zu weit öffnen sollten

AUF EINEN BLICK

ENTSTEHUNGSZEIT 1950er Jahre

URSRUNGSLAND Großbritannien und USA

VORFAHREN Perser, Siam

EINKREUZUNG Perser

SYNONYM Himalaya-Perser (in Nordamerika)

GEWICHT 3,5–7 kg

TEMPERAMENT Ruhig und ausgesprochen freundlich

Die kurzen Beine sind dick und kräftig

Das lange Fell ist seidig und dick, aber nicht wollig

Junge Creme-Point
Bei langhaarigen Colourpoints dauert es länger als bei kurzhaarigen, bis sich die Abzeichen (Points) entwickelt haben. Auch bei verdünnten Farben – wie hier bei dieser jungen Creme-Point – brauchen die Abzeichen mehr Zeit für ihre Entwicklung. Bei dunkleren Farben geht es schneller.

32 LANGHAARKATZEN

Gleichmäßig gefärbte Points und schwach schattierte Körperhaare

Krause an Schultern und Brust

Lilac-Point
Bei diesem Farbschlag sind die Points warmtonig und die Körperbehaarung magnolienweiß. Man kreuzt Colourpoint-Langhaar mit anderen Langhaartypen. Weil das Point-(Abzeichen.)Gen rezessiv ist, können die Abkömmlinge solch einer Verpaarung das Potenzial für Colourpoint-Nachwuchs in sich tragen. Dieses Potenzial wird in den Stammbaum eingetragen.

Der buschige Schwanz ist kurz, aber nicht unproportioniert

GESCHICHTE DER RASSE Die ersten Versuche einer Kreuzung zwischen Perser- und Siamkatze erfolgten im Lauf der 1920er Jahre in Europa: Daraus entstand in Kontinentaleuropa eine Rasse, die man Khmer nannte. (Manche Züchter betrachten auch die Birma als ein Ergebnis dieser Versuche.) In den 1930er Jahren kreuzten amerikanische Genetiker eine schwarze Perser mit einer Siam. Alle Tiere der ersten Generation waren schwarz und langhaarig, bei einer Rückkreuzung entstand eine Langhaarkatze mit Points. Man nannte sie Himalaya-Perser – in Anlehnung an die Abzeichen der Himalaya-Kaninchen. In Großbritannien wurde die Colourpoint 1955 anerkannt; auf dem Kontinent änderte man den Namen der Khmer entsprechend. In den 1950er Jahren war das Interesse an der Himalaya-Perser in Nordamerika groß. Die Rasse wurde 1961 von allen wichtigen Dachverbänden anerkannt.

BIRMA

Die auffallend gezeichnete und gut gebaute Katze fasziniert jeden mit ihren hellen »Handschuhen« und ihren großen blauen Augen. Ihr seidiges Fell ist nicht so dicht wie das der Perserkatze (*S. 16*) und verfilzt nicht so leicht, es muss jedoch dennoch täglich gepflegt werden. Mitte des 20. Jahrhunderts stand die Rasse kurz vor dem Aussterben – es gab nur noch zwei Tiere in Frankreich. Um die Rasse zu erhalten, kreuzte man die beiden mit anderen Katzen. Dabei erweiterte man die genetische Basis und führte eine Vielzahl von Point-Farben ein. Wie bei allen Katzen mit kleinem Genpool kann Inzucht zu Erbkrankheiten führen, was auf die Birma zum Glück nur selten zutrifft.

Birma-Profil
Das Profil der Birmakatze (hier eine Red-Point) wirkt markant und kräftig. Der Stop ist nur schwach ausgeprägt. Das Kinn verjüngt sich. Unerwünscht ist ein fliehendes Kinn.

Birma-Gesicht
Die ausgeprägte dunkle Maske der Blue-Point führt in einer breiten Spitze zur Stirn. Bei einfarbigen Birmas soll die Maske gleichmäßig gefärbt sein. Der Nasenspiegel sollte farblich dazu passen.

BIRMA 35

Farbschläge

Einfarbig und Tortieabzeichen
Seal, Chocolate, Rot, Blau, Lilac, Creme, Seal-, Chocolate-, Blau- und Lilac-Tortie
(Tortie = Schildpatt)

Tabbyabzeichen
Farben wie zuvor

Seal-Tortie-Tabby   Chocolate

Seal-Point
Diese klassische »heilige« Birma zeigt die Farben, wie sie in der Legende, die sich um ihren Ursprung rankt, beschrieben werden: weiße Handschuhe an den Pfoten, dunkelbraune Abzeichen, der Körper golden überhaucht, die Augen saphirblau.

Im Sommer und bei Jungtieren ist die Halskrause weniger ausgeprägt

Warmtonige Abzeichen auf hellem Fell

Nur die Spitze des Fußes soll weiß sein

Lilac-Point

Zusammen mit Chocolate gehörte Lilac zu den ersten »neuen« Birmafarben, die anerkannt wurden. Der Standard verlangt rosagraue Abzeichen mit einem entsprechend gefärbten Nasenspiegel. Der Körper sollte magnolienweiß sein.

Der kräftig gebaute Körper ist lang gestreckt

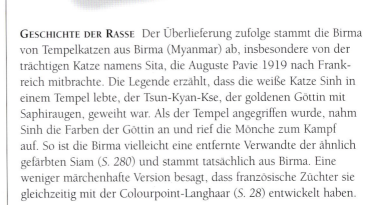

GESCHICHTE DER RASSE Der Überlieferung zufolge stammt die Birma von Tempelkatzen aus Birma (Myanmar) ab, insbesondere von der trächtigen Katze namens Sita, die Auguste Pavie 1919 nach Frankreich mitbrachte. Die Legende erzählt, dass die weiße Katze Sinh in einem Tempel lebte, der Tsun-Kyan-Kse, der goldenen Göttin mit Saphiraugen, geweiht war. Als der Tempel angegriffen wurde, nahm Sinh die Farben der Göttin an und rief die Mönche zum Kampf auf. So ist die Birma vielleicht eine entfernte Verwandte der ähnlich gefärbten Siam (S. 280) und stammt tatsächlich aus Birma. Eine weniger märchenhafte Version besagt, dass französische Züchter sie gleichzeitig mit der Colourpoint-Langhaar (S. 28) entwickelt haben.

BIRMA 37

Blue-Tabby-Point
Das Tabbymuster, das schon recht früh in die Abzeichenpalette der Birma aufgenommen wurde, gibt es heute in vielen Farben. Die Abzeichen an der Stirn sollten klar gezeichnet sein, mit einer helleren »Brille«. Die Beine sind gestreift, der Schwanz gebändert.

Die mittelgroßen Ohren stehen weit auseinander

Breiter, gerundeter Kopf mit vollen Wangen und kräftigem Kinn

Junge Birma mit unausgebildeter Maske

38 LANGHAARKATZEN

Die Augen sind tiefblau und fast rund

Auf einen Blick

Entstehungszeit Unbekannt
Ursprungsland Birma oder Frankreich
Vorfahren Ungeklärt
Einkreuzungen Keine
Synonym Heilige Birma
Gewicht 4,5–8 kg
Temperament Freundlich und zurückhaltend

Seal-Tortie-Point
Eine gute Schildpatt-Point ist recht schwer zu erzüchten, auch wenn die Abzeichen nicht vollkommen gleichmäßig sein müssen und eine Blesse nicht erforderlich ist. Alle Abzeichen sollten jedoch eine gute Vermischung der Farben aufweisen.

BIRMA 39

Cream-Point

Zusammen mit der Red-Point ist die Cream-Point einer der jüngsten Birma-Farbschläge. Das Foto zeigt eine junge Katze, bei der die Maske sich noch weiterentwickeln wird, bis sie sich über das ganze Gesicht erstreckt. Bei beiden Farben wird ein leichtes Tabbymuster nicht als schwerer Fehler angesehen.

Die Maske bedeckt das Gesicht

Der Schwanz ist voll und gleichmäßig gefärbt

40 LANGHAARKATZEN

Ragdoll

Die große, erstaunlich schwere Katze zeichnet sich durch ihr außergewöhnlich sanftes Wesen aus. Ihr weiches, mittellanges Fell verfilzt nicht so leicht wie das der Perserkatze (*S. 16*). Die Ragdoll (Stoffpuppe) wird weiß geboren. Die Fellfarbe und die rassetypischen Abzeichen bilden sich im Lauf der ersten beiden Lebensjahre aus. Anderen Katzen, denen sie häufig an Gewicht und Muskelkraft überlegen ist, begegnet sie freundlich. Mit Belohnungen kann man dieser schönen Katze kleine Kunststücke beibringen, und sie lernt schnell, einen Kratzbaum zu benützen.

Blue-Mitted
Zu den Ahnen der Ragdoll gehörte eine Birmakatze, die ihr das Fellmuster und die »Handschuhe« vererbt hat. Manche Menschen mögen die Ragdoll nicht, weil sie in ihr eine recht schlechte Kopie der Birma sehen.

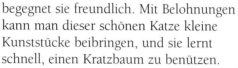

RAGDOLL 41

Großer bis mittelgroßer Kopf mit vollen Wangen und runder Schnauze

Ragdoll-Kopf
Im Profil sollte die leichte Einbuchtung der mittellangen Nase zu erkennen sein. Die schmale weiße Blesse auf der Nase ist bei der Seal-Mitted (Foto oben) erlaubt.

FARBSCHLÄGE

MIT ABZEICHEN
Seal, Chocolate, Blau, Lilac

MIT HANDSCHUHEN
Farben wie zuvor.

ZWEIFARBIG (BI-COLOUR)
Farben wie bei Abzeichen

CHOCOLATE-BI-COLOUR | LILAC-POINT | CHOCOLATE-POINT

Seal-Bi-Colour
Der Standard fordert, dass die weiße Fellpartie in einer auf dem Kopf stehenden V-Form im Gesicht beginnt und über die gesamte Unterseite bis zum Schwanz verläuft. Die Vorderbeine sollten ganz weiß sein, die Hinterbeine nur im unteren Bereich.

GESCHICHTE DER RASSE
Obwohl es die Ragdoll noch nicht sehr lange gibt, ist ihre Geschichte ziemlich verworren. In den 1960er Jahren verpaarte die kalifornische Züchterin Ann Baker die weiße, wohl rasselose Langhaarkatze Josephine mit Daddy Warbucks, einem Birma- oder birmaähnlichen Kater. Für die daraus entstandenen Ragdolls gründete sie einen Zuchtverein. Ihre Ragdolls wurden aber von anderen Verbänden nicht anerkannt. Andere Züchter schufen die heute von den meisten Zuchtverbänden akzeptierte Rasse. Der Erfolg der Rasse beruht auf der großen Nachfrage nach sanften Hauskatzen. Derzeit werden ähnliche Rassen erzüchtet – sie tragen genauso niedliche Namen wie die Ragdoll.

RAGDOLL 43

Die Ohren sind mittellang und an der Basis breit

Der Hals ist kurz und gedrungen

Die Behaarung der mittellangen Beine ist etwas kürzer als die des Körpers

44 LANGHAARKATZEN

Auf einen Blick

Entstehungszeit 1960er Jahre
Ursprungsland USA
Vorfahren Ungeklärt
Einkreuzungen Keine
Synonyme Keine
Gewicht 4,5–9 kg
Wesen Sanftmütig und ruhig

Der lang gestreckte Körper ist muskulös, die Brust ist breit

Das Fell ist seidig-weich

Die Pfoten sind groß, rund und büschelig behaart

Das wehende Fell ist dicht und mittellang

Seal-Point

Diese Farbe und ihre Verdünnung (Blau) sind bei der Ragdoll am häufigsten. Chocolate und Lilac sind nur schwer zu erzüchten. Züchter vermuten noch andere Farben im Genpool dieser Rasse. Die Körperfärbung darf bei der Ragdoll intensiver sein als bei anderen Rassen mit Abzeichen.

MAINE COON

Diese kraftvolle, ruhige Katze hat sich die Herzen vieler Katzenliebhaber erobert. Am schönsten sieht eine Maine Coon im Winter aus, wenn ihr üppiges, glänzendes Fell am vollsten ist. Typisch für diese Rasse sind die trillerartigen, fröhlich zwitschernden Laute, mit denen sie ihre Menschen- oder Katzenfamilie begrüßt. Die Maine Coon genießt durchaus die Gesellschaft der Menschen, geht aber genauso gern ihren eigenen Beschäftigungen nach. Einige Maine-Coon-Besitzer berichten, dass dazu offenbar das Schwimmen zählt. Kätzinnen achten mehr auf würdevolles »Benehmen« als Kater, die mitunter ein bisschen beschränkt wirken. Diese Tiere sind weder Schoßkatzen noch Babys. Es sind Freunde!

Das Gesicht
Die Augen der Maine Coon müssen grün, golden oder kupferfarben sein. Weißen Tieren gestattet man verschiedenfarbige oder blaue Augen. Unterschiedliche Auffassungen gibt es vor allem bei der Größe und Stellung der Ohren.

MAINE COON 47

FARBSCHLÄGE

EINFARBIG UND SCHILDPATT
Schwarz, Blau, Creme, Rot, Schildpatt, Blau-Schildpatt, Weiß mit blauen, grünen oder verschiedenfarbigen Augen (ein Auge blau, das andere kupfer)

SMOKE UND SCHATTIERT
Alle Farben wie zuvor, bis auf Weiß

TABBY (GETIGERT, GESTROMT)
Braun, Rot, Blau, Creme, Schildpatt, Blau-Schildpatt

SILBER-TABBY
Farben wie bei Standardtabbys

ZWEIFARBIG
Alle einfarbigen, Schildpatt- und Tabbyfarben mit Weiß

CREME-SCHATTIERT

SCHWARZ-SMOKE

BRAUN-GESTROMT

BLAU-SILBER-TABBY

Schwarz
Einfarbige Maine Coons werden häufig gezüchtet. Dunkle Farben bringen den herrlichen Glanz des Fells besonders gut zur Geltung.

Beim Kater ist der Hals dicker

48 LANGHAARKATZEN

Die großen, aufrechten Ohren sind hoch angesetzt

Die runden Augen sind leicht schräg gestellt

Langer Rücken

Großer bis mittelgroßer Körper mit starker Muskulatur

Schildpatt-Tabby

Das Erscheinungsbild der Maine Coon – groß, locker behaart mit Tabbymuster – hat sich bei vielen Menschen so fest eingeprägt, dass sie jede Katze, die so oder so ähnlich aussieht, für eine Maine Coon halten. Doch die Rasse unterliegt einem strengen Standard, und eine sorgfältige Zucht ist nötig, um die kräftigen Farbtöne und die Fellmuster zu erzielen. Über die »richtige« Körpergröße und das Gewicht der Maine Coon entbrennen immer wieder Debatten.

GESCHICHTE DER RASSE Die Frühgeschichte der Maine Coon ist unbekannt. Zu ihren Vorfahren zählen vermutlich britische – von Siedlern mitgebrachte – Katzen und langhaarige russische oder skandinavische Katzen, die von den Schiffen, die in den Häfen von Maine anlegten, kamen. Der schwarz-weiße Captain Jenks of the Horse Marines war die erste Maine Coon, die 1861 auf Ausstellungen in Boston und New York die Aufmerksamkeit erregte. Lange blieb die Maine Coon populär, bis ihr die Perserkatze um 1900 den ersten Platz auf der Beliebtheitsskala streitig machte. Die Rasse überlebte nur, weil die Farmer ihre herausragenden Jagdeigenschaften erkannt hatten. Im Lauf der 1950er Jahren erwachte das Interesse wieder und verstärkte sich. Heute ist die Maine Coon eine der beliebtesten Rassen der Welt.

Der Schwanz ist lang mit wehendem Deckhaar

50 LANGHAARKATZEN

Der Kopf ist länger als breit

Rotgestromt
Anerkannt werden bei der Maine Coon nur getigerte und gestromte Tabbys, die dem traditionellen Erscheinungsbild entsprechen. Rote Tabbys müssen intensiv gefärbt sein, um sich von den ingwerfarbenen rasselosen Katzen klar zu unterscheiden.

Das lange Fell glänzt intensiv

Braungetigert und Weiß

Als Maine Coons bezeichnete man ursprünglich nur braune Tabbys. Andere Farben und Muster hießen anfangs Maine Shags. Mit ihrem massigen Körper und dem riesigen Schwanz ähnelt die Maine Coon einem Waschbären (im Amerikanischen kurz coon genannt), dem sie folglich ihren Namen verdankt.

Auf einen Blick

Entstehungszeit 1860er Jahre
Ursprungsland USA
Vorfahren Bauernkatzen
Einkreuzungen Keine
Synonym Maine Shag
Gewicht 4–10 kg
Wesen Sanfter Riese

MAINE-COON-VARIETÄTEN

Die Fellstruktur der Maine Coon ähnelt zweifellos der einer Bauernkatze. Obwohl das Haarkleid lang und dicht ist, braucht es erstaunlich wenig Pflege. Außerdem ist es Wasser abweisend, sodass die Katze nur selten gebadet werden muss. Manche Farbschläge haben bei den Züchtern Diskussionen ausgelöst: Einige stellten die Behauptung auf, für die Silber- und Smoke-Farbe hätte man Perserkatzen eingekreuzt. Dies ist unwahrscheinlich, weil viele der frei laufenden, rasselosen Katzen Nordamerikas, die keineswegs mit den Perserkatzen verwandt sind, das für diese Farben verantwortliche Inhibitorgen besitzen. In ganz Europa ist die gleiche Farbpalette bei Einfarbig, Smoke, Schattiert, Tabby und Silber-Tabby zugelassen. In Nordamerika das Ganze etwas komplizierter.

Blau und Weiß (Jungkatze)

Den rassetypischen kräftigen Körperbau erkennt man schon bei den Jungtieren. Ihre Entwicklung jedoch lässt sich manchmal schwer einschätzen. Häufig zeigt sich eine hervorragende Qualität erst bei dem voll ausgewachsenen Tier.

MAINE-COON-VARIETÄTEN 53

Weiß mit verschiedenfarbigen Augen

Weiße Rassekatzen können unter Taubheit leiden. Besonders betroffen davon sind weiße Tiere mit blauen oder verschiedenfarbigen Augen. Jungtiere mit einer großen »Kätzchenkappe« aus dunklem Haar sollen weniger anfällig für diesen Defekt sein. Daher bemüht man sich, die Weißen mit größeren »Kappen« zu züchten.

Langer Rücken

54 LANGHAARKATZEN

Britisches Erscheinungsbild

Dieser Silber-Tabby zeigt das Erscheinungsbild, das der britische Dachverband (GCCF) bei der Maine Coon bevorzugt: breites Gesicht, ovale Augen, mäßig große, von den »Ecken« des Kopfes abstehende Ohren. Körper und Beine sollen stämmig sein, sodass die Katze den Eindruck vermittelt, sie könne sich überall behaupten.

Kantige Schnauze

MAINE-COON-VARIETÄTEN 55

Große, aufrecht stehende Ohren

Die Augen sind rund

Kater haben einen dickeren Hals als die Kätzinnen

Alternatives Erscheinungsbild
Dieser Silber-Tabby verkörpert den Maine-Coon-Typ, den die TICA (der hauptsächlich für Nordamerika zuständige Dachverband) bevorzugt: Gesicht eckiger als in Europa üblich, Ohren größer und höher angesetzt, Augen runder.

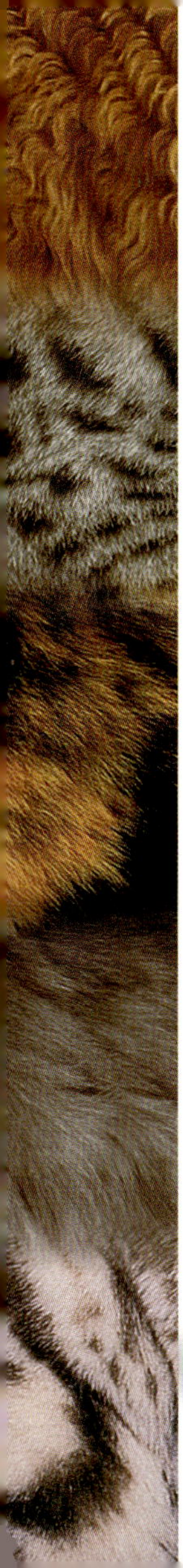

56 LANGHAARKATZEN

Langer Schwanz mit
wehendem Deckhaar

Maine Wave

Diese umstrittene Züchtung ist eine
rassereine Maine Coon mit Rexmutation.
Die Mutation galt früher als Letalfaktor.
In manchen Zuchtlinien kommen die
gesundheitlichen Probleme heute offenbar
nicht mehr vor. Da dem Haarkleid die
Leithaare fehlen, sieht es völlig anders aus
als das typische Maine-Coon-Fell. Ob
diese Katze jemals als Vertreter der Rasse
anerkannt wird, ist mehr als fraglich.
Verschwinden wird sie sicherlich nicht, da
die Mutation rezessiv ist.

Das lange
Fell glänzt

Runde, leicht schräg
gestellte Augen

Runde, büschelig behaarte Pfoten

Rotschattierter Tabby
Die Grundfarbe und die dunkleren Partien des Fells sind bei einem guten roten Tabby intensiv rot getönt. Das Inhibitorgen drängt allerdings die Grundfarbe zurück. Die Schattierung sollte aber das gleiche kräftige Rotbraun aufweisen wie der Farbschlag einfarbig Rot.

NORWEGISCHE WALDKATZE

Fremden gegenüber verhält sich diese Katze zurückhaltend während sie Personen, die sie kennt, vertraut. In vielem ähnelt sie der Maine Coon (*S. 46*) und der Sibirischen Waldkatze (*S. 64*). Die hohen Hinterbeine und die stattliche Größe verleihen ihr eine imposante Würde. Züchter vergleichen diese »natürliche Katze« gern mit einem kleinen Luchs. Die an sich sehr sanfte Hauskatze verteidigt ihr Revier vehement. Klettern und jagen kann sie ausgezeichnet und sie fängt – wie Besitzer, die in Flussnähe leben, berichten – auch gern Fische.

FARBSCHLÄGE

EINFARBIG UND SCHILDPATT
Schwarz, Rot, Blau, Creme, Weiß mit blauen, grünen, verschiedenfarbigen und orangefarbenen Augen, Schildpatt, Blau-Creme

BRAUN-TABBY   ROT UND WEISS   ROT-TABBY

SMOKE
Farben wie zuvor, außer Weiß

SCHATTIERT UND TIPPING
Farben wie »Einfarbig und Schildpatt«, außer Weiß

TABBY (GESTROMT, GETIGERT, GETUPFT)
Braun, Rot, Blau, Creme, Schildpatt, Blau-Schildpatt

SILBER-TABBY
Farben und Zeichnung wie bei Standardtabbys

ZWEIFARBIG
Alle erlaubten Farben und Zeichnungen, alle mit Weiß

NORWEGISCHE WALDKATZE 59

Silber-Tabby

Gemäß Rassestandard soll sich im Erscheinungsbild der Norwegischen Waldkatze ihre Abkunft von Bauernkatzen widerspiegeln. Wichtige Merkmale sind Körperbau und Fellbeschaffenheit. Die Fellfarbe spielt bei der Bewertung eine untergeordnete Rolle.

60 LANGHAARKATZEN

Schwarz-Smoke und Weiß
Die Rasse sollte elegant wirken. Der Körperbau darf stämmig und robust sein, aber nicht gedrungen erscheinen. Gewünscht ist ein kantiges Gesicht mit aufgewecktem Ausdruck, es sollte jedoch weder rundlich sein noch Niedlichkeit ausstrahlen.

Körper mit festem Knochenbau und guter Muskulatur

NORWEGISCHE WALDKATZE 61

Geschichte der Rasse Katzen kamen etwa um 1000 n. Chr. über die Handelsrouten der Wikinger direkt aus Byzanz nach Norwegen. Der Beweis dafür: In den norwegischen Katzenpopulationen gibt es Fellfarben, die man auch in der Türkei, aber nur selten im übrigen Europa findet. Der harte skandinavische Winter begünstigte große, langhaarige Katzen, die bei den Bauern immer beliebter wurden. Die gezielte Zucht begann erst in 1970er Jahren. 1979 kam die Rasse in die USA und ein paar Jahre später nach Großbritannien.

Silber-Tabby und Weiß
Genetisch bedingt wirkt das Fell vieler Katzen gelblich oder »schmutzig«. Bei Silber-Tabbys fällt das besonders auf. Bei der Norwegischen Waldkatze wird dies nicht (wie bei anderen Rassen) als Fehler gewertet.

62 LANGHAARKATZEN

Schwarz

Mit dem dicken Winterfell erinnert dieser Farbschlag an die wilden Katzen der nordischen Sagen. Die Augenfarbe ist unabhängig von der Fellfarbe, daher gibt es schwarze Tiere mit goldenen oder grünen Augen. Bei ständiger Sonneneinwirkung kann sich das Fell rostbraun verfärben.

Die langen Beine sind stämmig

NORWEGISCHE WALDKATZE 63

Auf einen Blick

Entstehungszeit 1930er Jahre
Ursprungsland Norwegen
Vorfahren Bauernkatzen
Einkreuzungen Keine
Synonyme Skogkatt, Skaukatt, Wegie
Gewicht 3–9 kg
Wesen Zurückhaltend, sanft und gelassen souverän

Blau-Tabby und Weiß

Tabbys und zweifarbige Katzen – die vorherrschenden Farbschläge der Rasse – sind auffallend häufig in den frei lebenden norwegischen Katzenpopulationen anzutreffen. Dies spiegelt die Abstammung der Norwegischen Waldkatze wider.

Der Kopf ist dreieckig, das Kinn ausgeprägt

er buschige wanz ist so ang wie der Rumpf

LANGHAARKATZEN

Sibirische Waldkatze

Das raue Klima in der Heimat dieser Rasse begünstigte die Entwicklung großer, kräftig gebauter Katzen mit dickem schützendem Fell. Über ihre Vorfahren weiß man wenig. Fest steht nur, dass sie von ihrer Umgebung geprägt wurde, genau wie die Norwegische Waldkatze (S. 58). Alles an dieser Katze dient dem Überleben unter äußerst harten Bedingungen. Ihr reichliches Deckhaar ist kräftig und ölig, ihre Unterwolle dicht genug, um den stärksten Wind abzuhalten.

Braungetigerter Tabby
Gemäß TICA-Standard soll der Kopf dieser Rassekatze nicht so »wild« aussehen, wie dies die russischen Zuchtverbände bevorzugen. Der Kopf darf breit sein, soll aber eher rundlich wirken. Gewünscht sind fast runde Augen und ein liebenswerter Gesichtsausdruck. Die nordamerikanischen Katzen haben große bis mittelgroße Ohren.

Die Augen sind groß, oval und leicht schräg gestellt

SIBIRISCHE WALDKATZE 65

Farbschläge

Einfarbig und Schildpatt
Schwarz, Rot, Blau, Creme,
Schildpatt, Blau-Schildpatt
*Alle anderen einfarbigen
und Schildpattfarben*

Smoke, Schattiert, Tipping
Farben wie zuvor

Tabby, Silber-Tabby (gestromt, getigert, getupft)
Braun, Rot, Blau, Creme,
Schildpatt, Blau-Schildpatt
*Gebändert, alle anderen einfarbigen
und Schildpattfarben*

Zweifarbig
Alle zugelassenen, einfarbigen
sowie Schildpatt- und Tabbyfarben mit Weiß
*Alle einfarbigen sowie Schildpatt-
und Tabbyfarben mit Weiß*

CREME UND WEISS   SCHILDPATT UND WEISS

BLAU   SILBER-TABBY

Rotschattierter Tabby und Weiß

*In der Heimat der Rasse sind nur
Farben zugelassen, die auf Schwarz
und Rot basieren. In anderen
Ländern ist die Farbpalette größer.
Das für die Schattierung zuständige
Inhibitorgen ist von Natur aus
vorhanden, dominiert aber nicht.*

*Der kurze
Hals ist
gedrungen*

Geschichte der Rasse Langhaarkatzen findet man im unwirtlichen Norden Russlands überall. Ernsthafte Bemühungen, einen Standard zu erzüchten, gibt es erst seit den 1980er Jahren. In ihrer Heimat wird die Rasse von vielen Zuchtverbänden anerkannt. Dank der Bemühungen von Elizabeth Terrell wurde die Sibirische Waldkatze 1990 in die USA eingeführt. Der Name der Terrellschen Zucht – Starpoint – ist im Stammbaum zahlreicher amerikanischer Spitzentiere zu finden. Von den großen Dachverbänden erkennt nur die TICA diese Rasse an. Manche russischen Verbände befürchten, dass nicht immer die besten Katzen in den Westen exportiert werden. Das »TICA-Gesicht« weicht vom russischen ab – die Sibirische Waldkatze könnte daher international ein unterschiedliches Aussehen entwickeln.

Schildpatt-Tabby und Weiß
Die Kätzinnen sind – wie bei vielen Rassen – etwas kleiner und leichter als die Kater. Bei beiden Geschlechtern wird der Rumpf nach hinten leicht abfallend getragen.

68 LANGHAARKATZEN

Die Ohren mit abgerundeten Spitzen sind mittelgroß und stehen seitlich ab

AUF EINEN BLICK

ENTSTEHUNGSZEIT 1980er Jahre

URSPRUNGSLAND Östliches Russland

VORFAHREN Haus- und Bauernkatzen

EINKREUZUNGEN Keine

SYNONYM Keine

GEWICHT 4,5–9 kg

WESEN Sensibel, sanft und ausdauernd

Braungetupfter Tabby und Weiß
Ursprünglich herrschten bei der Sibirischen Waldkatze die Tabbymuster vor. Dies ist leicht nachvollziehbar, da sich diese Rasse im Freiland entwickelt hat, wo überall natürliche Feinde lauern und gute Tarnung gebraucht wird. Bisher überwiegen zwar immer noch die Tabbymuster, doch man bemüht sich verstärkt um einfarbige und schattierte Farben.

Der Schwanz mit gerundeter Spitze ist dick und mittellang

SIBIRISCHE WALDKATZE 69

Braungestromter Tabby

Mehr als jede andere Rasse erinnert die Sibirische Waldkatze an eine Wildkatze. Einzigartig sind auch ihr extrem breites Gesicht und die ovalen, schräg gestellten Augen, die urwüchsig und »asiatisch« wirken. Russische Zuchtverbände legen größten Wert auf den Erhalt dieses Aussehens.

Der lange Körper ist muskulös

AMERICAN CURL

Ihren Namen »Amerikanisch Kräuselohr« verdankt diese sanfte Rasse einer auffallenden Mutation: Ihre Ohren sind nach hinten geklappt und zur Kopfmitte gedreht. Das verleiht der Curl einen koboldhaften, erstaunten Gesichtsausdruck. Da das Merkmal dominant ist, entstehen aus der Verpaarung der Curl mit normalen Katzen immer mindestens 50 Prozent Curls. Die übrigen, American Curl Straight Ears, verwendet man für Zuchtprogramme oder als Haustiere.

FARBSCHLÄGE

EINFARBIG UND SCHILDPATT
Schwarz, Chocolate, Rot, Blau, Lilac, Creme, Weiß, Schildpatt, Blau-Creme
Alle anderen einfarbigen und Schildpattfarben

SMOKE
Farben wie zuvor, außer Weiß, zusätzlich Chocolate-Schildpatt
Alle anderen einfarbigen und Schildpattfarben

SCHATTIERT UND TIPPING
Silberschattiert, Goldenschattiert, Cameoschattiert, Schildpattschattiert, Chinchilla-Silber, Chinchilla-Golden, Shell-Cameo, Shell-Schildpatt
Alle anderen einfarbigen und Schildpattfarben

TABBY (ALLE ZEICHNUNGEN)
Braun, Rot, Blau, Creme, Braungefleckt, Blaugefleckt
Alle anderen einfarbigen und Schildpattfarben

SILBER-TABBY
Silber, Chocolate-Silber, Cameo, Blau-Silber, Lavender-Silber, Creme-Silber, Silbergefleckt
Wie bei »Einfarbig und Schildpatt«

ZWEIFARBIG (GESTROMT UND VAN)
Schwarz, Rot, Blau, Creme, Schildpatt, Blau-Creme und alle Tabbyfarben mit Weiß
Wie bei »Einfarbig und Schildpatt«

EINFARBIG UND TORTIE-POINTS
Seal, Chocolate, Flame, Blau, Lilac, Creme, Schildpatt, Chocolate-Schildpatt, Blau-Creme, Lilac-Creme
Alle anderen Farben, Sepia- und Minkmuster

LYNX-(TABBY-)POINTS
Wie bei »Einfarbig und Tortie-Points«, außer Rot
Alle anderen Farben, Sepia- und Minkmuster

AMERICAN CURL 71

Die Ohren weisen zum Hinterkopf

Weiches, lockeres Fell mit wenig Unterwolle

Schildpatt und Weiß
Diese Fellzeichnung, auch Calico genannt, kommt nur bei weiblichen Tieren vor. Der gemäßigte Standard der Curl bevorzugt Kätzinnen, die aber bei schweren Zuchtlinien den stämmigen Katern gegenüber im Nachteil sind.

GESCHICHTE DER RASSE Wie kommt ein Mensch zu einer Katze? Häufig, indem er einen kleinen Streuner aufnimmt. So erging es auch Grace und Joe Ruga in Lakeland, Kalifornien: Grace Ruga stellte 1981 einem streunenden Kätzchen Futter hin. Die Kleine fraß es und beschloss zu bleiben. Die Folge davon war die Curl. Joe Ruga nannte die verschmuste Kätzin mit dem langen, Seidenfell und den außergewöhnlichen Ohren Shulamith – nach der Schäferin im Hohenlied (Altes Testament). Alle Curls stammen von Shulamith ab. Im Dezember 1981 brachte sie vier Junge zur Welt, von denen zwei die »Kräuselohren« der Mutter hatten. 1983 wurden diese Katzen in Kalifornien ausgestellt. In Nordamerika ist die Rasse voll anerkannt. Über Großbritannien gelangten 1995 die ersten Curls nach Europa, aber GCCF oder FIFé werden sie wahrscheinlich nicht zulassen.

*Der Körper ist
mäßig bemuskelt*

Seal-Point
*Neuere Züchtungen wie die Curl
besitzen häufig dieses Fellmuster.
Bei einem längeren Haarkleid
erscheinen die Abzeichen (Points)
in der Regel in schwächerer
und hellerer Ausprägung.*

AMERICAN CURL 73

*Der Kopf ist rundlich
und leicht keilförmig*

*Die Augen sind
walnussförmig
und leicht schräg
gestellt*

*Mittellange Beine
mit mittelstarkem
Knochenbau*

AUF EINEN BLICK

ENTSTEHUNGSZEIT 1981

URSPRUNGSLAND USA

VORFAHREN Hauskatzen

EINKREUZUNGEN Rasselose
amerikanische Hauskatzen

SYNONYME Keine

GEWICHT 3–5 kg

WESEN Ruhig und anhänglich

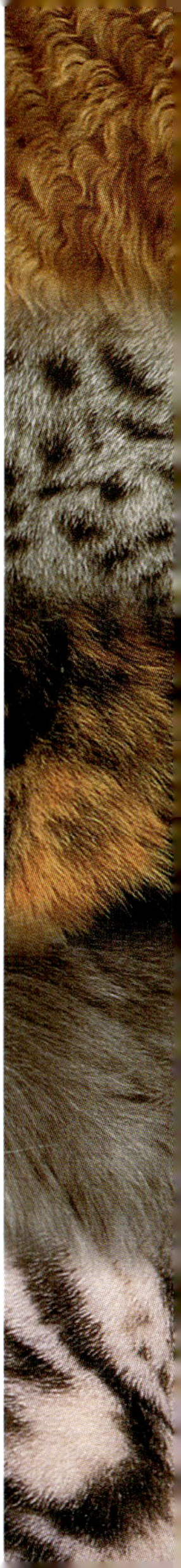

74 LANGHAARKATZEN

MUNCHKIN

Zweifellos ist die Munchkin die umstrittenste und außergewöhnlichste Neuzüchtung der letzten Jahre. Sie wird durch ein einziges dominantes Merkmal definiert: kurze Beinknochen. Andere Knochen sind nicht direkt betroffen. Ob sich die Kurzbeinigkeit nachteilig auswirkt, wird sich gewiss erst mit der Zeit zeigen. Vielleicht bleibt die Rasse durch die elastische Wirbelsäule der Katzen vor Rücken- und Hüftproblemen verschont. Doch wie alle Zwergformen könnte auch sie anfällig für Arthrose sein.

Die Ohren sind mittellang und dreieckig

MUNCHKIN 75

Der Kopf ist mittelgroß und weder rund noch keilförmig

Augen- und Fellfarbe sind nicht gekoppelt

Munchkin-Kopf
Die Kopfform ist ein Mittelding zwischen dreieckig und keilförmig. Die Begriffe »mittel« und »mäßig« werden im Standard der Munchkin oft verwendet. Eine Weiterentwicklung der Rasse wird wohl erfolgen.

Schwarz und Weiß (Jungtier)
Schon bei der Geburt lässt sich erkennen, welche Jungen des Wurfs Munchkins sind. Liebhaber der Rasse sehen ihre Attraktivität nicht in ihrem Körperbau, sondern in ihrem Wesen. Angeblich bleiben die Katzen auch als erwachsene Tiere so neugierig, drollig und verspielt wie Jungtiere.

76 LANGHAARKATZEN

Rot und Weiß

Bei der Munchkin sind alle Fellfarben und -muster zugelassen. Anders ginge es wohl auch nicht bei einer Rasse, in die rasselose Katzen eingekreuzt werden. Tabbymuster und Zweifarbigkeit kommen häufiger vor als »asiatische« Farben und Zeichnungen.

Mitteldicker Schwanz mit abgerundeter Spitze

Mittelgroßer Körper mit geradem oder zum Hinterteil hin leicht ansteigendem Rückgrat

Die Bein sind kurz und gerade, die Pfoten leicht auswärts gedreht

MUNCHKIN 77

GESCHICHTE DER RASSE Kleinwüchsigkeit tritt bei vielen Tierarten auf, Katzen machen da keine Ausnahme. Die Munchkin entstammt einer Mutation, die 1983 in Louisiana, USA, aufgetreten ist. Als Züchter rasselose Katzen einkreuzten, wuchs nicht nur das Interesse an der Munchkin, sondern es entbrannten zugleich heftige Debatten um die neue Rasse. Die TICA ist bisher der einzige große Zuchtverband, der die Rasse anerkannt hat (1995). Ihr Standard ist noch nicht ausgereift. Züchter anderer Rassekatzen befürchten, dass auch von ihren Rassen kleinwüchsige Tiere auftauchen werden. Obwohl man der Munchkin den Reiz des Neuen nicht absprechen kann und wohl einige Züchter den Weg weiterverfolgen werden, hat die TICA Kreuzungen mit anderen Rassen untersagt. Zwergformen etablierter Rassen wird wahrscheinlich kaum ein Zuchtverband akzeptieren.

Die großen, lebendig blickenden Augen sind walnussförmig

AUF EINEN BLICK

ENTSTEHUNGSZEIT 1980er Jahre

URSRUNGSLAND USA

VORFAHREN Amerikanische Hauskatzen

EINKREUZUNGEN Rasselose Hauskatzen

SYNONYME Keine

GEWICHT 2,25–4 kg

WESEN Anschmiegsam, neugierig und verspielt

SCOTTISH FOLD

Die langhaarige schottische Faltohrkatze hat die gleichen Ohren wie ihre kurzhaarige Verwandte (*S. 186*). Wie alle Langhaarrassen sieht sie im Winter am besten aus, wenn sie stolz ihre imposante Halskrause, die eleganten »Reithosen« und ihren mächtigen, buschigen Schwanz trägt. Zur Welt kommen alle Jungen mit geraden Ohren, die sich ab der dritten Woche zu falten beginnen. Die Gelenkprobleme, die aus der Verpaarung dieser Katzen untereinander resultieren, zeigen sich nach vier bis sechs Monaten. Der kurze, verdickte Schwanz kann bei einem langhaarigen Jungen fehlen.

GESCHICHTE DER RASSE Katzen mit Falt- oder Hängeohren gibt es seit mehr als zweihundert Jahren. Alle schottischen Faltohrkatzen stammen jedoch von der weißen Bauernkatze Susie ab, die 1961 in Schottland geboren wurde. Die Genetiker Pat Turner und Peter Dyte überwachten die Entwicklung der Rasse und fanden bei Susie das Langhaargen, das auch kurzhaarige Abkömmlinge weitergeben können und das erst in späteren Generationen wieder sichtbar wird. Da man keine langhaarigen Rassen einkreuzt, ist die Fold noch immer selten.

FARBSCHLÄGE

Alle Farben und Muster, einschließlich Abzeichen, Sepia und Mink, sind anerkannt

BRAUN-TABBY	ROT-TABBY
LILAC	WEISS

Das mittellange, weiche Fell steht vom Körper ab

SCOTTISH FOLD 79

Blau-Smoke und Weiß
Dem Standard zufolge hat diese Katze zwei Fehler: Die Ohren liegen nicht dicht genug am Kopf. Das Gesicht zeigt Tabbymuster, statt des verlangten reinen Blaus.

Gut gerundeter Kopf mit ausgeprägten Wangen und Schnurrhaarkissen

80 LANGHAARKATZEN

Schildpatt-Tabby und Weiß

Dieser Farbschlag heißt in der CFA auch »gescheckter Tabby« und in der TICA »Torbie«. Gewünscht wird, dass die Tabbyzeichnung in den braunen und roten Flecken, die bei einer Zweifarbigen recht groß und scharf begrenzt sein sollen, deutlich hervortreten. Die Augen müssen leuchtend und goldfarben sein.

Der Körper ist mittelgroß, fest und rundlich

Auf einen Blick

Entstehungszeit 1961

Ursprungsland Schottland

Vorfahren Bauernkatzen, Amerikanisch und Britisch Kurzhaar

Einkreuzungen Amerikanisch und Britisch Kurzhaar

Synonym Schottische Faltohrkatze

Gewicht 2,4–6 kg

Wesen Ruhig und selbstbewusst

SCOTTISH FOLD 81

Die gefalteten Ohren sind klein und liegen eng am Kopf an

Die Beine sind mittellang und stämmig, aber nicht plump

SELKIRK REX

Diese sicherlich spektakulärste aller Rexrassen hat mit der La Perm (*S. 142*) die Langhaarigkeit gemeinsam. Ihr Erscheinungsbild aber ist einzigartig. Am schönsten zeigt sich das lange, dichte und weiche Fell bei gemischterbigen Katzen mit einem Rex- und einem Glatthaargen. Diese Kombination ergibt ein duftiges Löckchenfell, in dem alle drei Haartypen vorhanden sind. Eine Selkirk kann beim Fellwechsel genauso viele Haare verlieren wie eine Perserkatze (*S. 16*).

Schildpattschattiert
Die Jungen kommen mit Locken auf die Welt, die sie aber meist fast vollständig verlieren. Bis ihre Locken zurückkehren, sehen die Jungtiere recht ungepflegt aus.

83

Runder Kopf mit kurzer, quadratischer Schnauze

Die runden Augen stehen weit auseinander

Selkirk-Kopf

Im Gegensatz zu anderen Rexrassen hat die Selkirk ein kräftiges, rundes Gesicht mit einem deutlichen Stop und einer kurzen, breiten Nase. Wangen und Schnurrbartkissen sind voll. Die Augenfarbe ist unabhängig von der Fellfarbe.

FARBSCHLÄGE

Alle Farben und Muster, Abzeichen, Sepia und Mink sind zugelassen

CREME	WEISS	BLAU

84 LANGHAARKATZEN

GESCHICHTE DER RASSE Die Selkirk, die neueste Rexzüchtung, tauchte erstmalig 1987 auf. Bei der allerersten Selkirk Rex – Miss DePesto of NoFace oder Pest – handelt es sich um eine junge kurzhaarige Kätzin, die in einem Tierheim in Montana, USA, zur Welt kam. Jeri Newman, ein Perserkatzenzüchter, nahm die Kleine zu sich. Er verpaarte den Neuankömmling mit seinem schwarzen Perserchampion Photo Finish of Deekay. In dem daraus folgenden Wurf gab es lang- und kurzhaarige Junge mit einer Mischung aus glattem und gelocktem Fell. Dies zeigte nicht nur, dass Pests Rexmutation einfach dominant war, sondern auch, dass sie, wie viele nicht rassereine Katzen, das rezessive Langhaargen besaß. Folglich traten bei der Selkirk Rex von Anfang an lang- und kurzhaarige Varianten auf, die formell nicht getrennt betrachtet werden. Auch die Einkreuzung von Perserkatzen ist weiterhin erlaubt.

AUF EINEN BLICK

ENTSTEHUNGSZEIT 1987

URSPRUNGSLAND USA

VORFAHREN Tierheimkatze, Perser, Exotisch, Britisch und Amerikanisch Kurzhaar

EINKREUZUNGEN Ausgangsrassen

SYNONYME Keine

GEWICHT 3–5 kg

WESEN Ruhig, freundlich und geduldig

Rotschattierter Tabby
Die Löckchen enthüllen die weiße Unterwolle, sodass die Schattierung weniger auffällt als bei Langhaarkatzen mit glattem Haar. Auch die Tabbyzeichnung wird von den Locken abgeschwächt. Je deutlicher sie zu sehen ist, desto besser die Bewertung. Die Zeichnung im Gesicht bleibt jedoch gut sichtbar.

Der dicke Schwanz mit gerundeter Spitze verjüngt sich

85

Die mittelgroßen Ohren sind spitz und stehen weit auseinander

Der muskulöse Körper steigt zum Hinterteil hin leicht an

TÜRKISCH VAN

Mit ihrem weichen Fell und ihren großen, runden Augen erscheint diese Katze wie das ideale Schoßtier. Die Rasse entstammt jedoch Bauernkatzen aus einer Gegend, in der das Leben hart war. So hat die Van ihren eigensinnigen Kopf behalten. Das klar begrenzte Fellmuster ist so speziell, dass es auch bei anderen Rassen Van genannt wird. Aufgrund ihrer Vorliebe, bei heißem Wetter ein ausgiebiges Bad zu nehmen, heißt die Van in ihrer Heimat auch Schwimmkatze.

TÜRKISCH VAN 87

Die Ohren sind groß und recht hoch angesetzt

Die großen Augen sind leicht oval

Schildpatt und Weiß

Dieser Farbschlag entstand, als Schwarz in die Rasse eingeführt wurde. Die farbigen »Daumenabdrücke« über der Schwanzwurzel entsprechen nicht ganz dem Standard. Dieser ist bei der Van recht schwer zu erfüllen, sodass es mehr Liebhaberkatzen als makellose Rassetiere gibt.

Van-Gesicht

Der farbige Bereich im Gesicht darf weder unter Augenhöhe noch über den Ansatz der Ohren reichen. Eine weiße Blesse sollte ihn teilen. Gewünscht sind gefärbte Ohren.

FARBSCHLÄGE

ZWEIFARBIG (AUGEN: BLAU, BERN-STEIN- UND VERSCHIEDENFARBIG)
Kastanienbraun, Creme, mit Weiß
*Schwarz, Blau, Schildpatt,
Blau-Creme, alle mit Weiß*

88 LANGHAARKATZEN

Das Fell teilt sich leicht

Creme und Weiß
Das Creme ist die Verdünnung von Kastanienbraun, und so ähneln sich Augen und Zeichnung beider Farbschläge. Das Fell der Van ist Wasser abweisend und teilt sich bei jeder Körperdrehung, es ordnet sich aber wieder, wenn die Katze sich bewegt.

Der kräftige Körper ist lang gestreckt und beim Kater sehr muskulös

TÜRKISCH VAN 89

GESCHICHTE DER RASSE Ihre moderne Geschichte begann mit zwei Tieren, die 1955 nach Großbritannien gelangten. Die Rasse verbreitete sich in Europa, die Verbände erkannten sie aber nur langsam an. 1982 kamen Türkisch Vans in die USA – CFA und TICA akzeptieren sie. GCCF gestattet nur Kastanienbraun und Creme, andere erlauben auch die von Schwarz abgeleiteten Farben.

Kastanienbraun und Weiß

Wie dieser Farbschlag mit den (verlangten) Bernsteinaugen sah die Van aus, als sie in den Westen kam. Gewünscht: Grundfarbe kalkweiß, Nasenspiegel rosa, die dunklere Zeichnung sollte sich auf Kopf und Schwanz beschränken. Dieses Braun wird in der Regel als Rot bezeichnet.

Der voll behaarte Schwanz ist so lang wie der Rumpf

Blau und Weiß

Die Intensität des Blaus variiert erheblich. Das frühe Blau dieser Katze ist dunkler, als es die meisten Standards gestatten. Das Herauszüchten neuer Farben bei der Van hatte unerwünschte Folgen: Es ist schwierig, das leuchtende Gold der Augenfarbe zu erhalten. Daher gibt es mitunter Tiere mit grünen Augen.

AUF EINEN BLICK

ENTSTEHUNGSZEIT Anfang 19. Jh.
URSPRUNGSLAND Türkei – Umgebung des Van-Sees
VORFAHREN Hauskatzen
EINKREUZUNGEN Keine
SYNONYM Türkische Schwimmkatze
GEWICHT 3–8,5 kg
WESEN Selbstbewusst

Mittellange Beine mit zierlichen, runden Pfoten

TÜRKISCH VAN 91

Der kurze Kopf ist keilförmig mit geradem Profil

Das lange, seidige Fell besitzt keine Unterwolle

92 LANGHAARKATZEN

Cymric

Kräftig gebaut, mit einem hoppelnden Gang, ähnelt diese Rasse der ursprünglichen kurzhaarigen Manx (S. 176), bis aufs Fell, das halblang und doppellagig ist. Obwohl die Cymric aus Nordamerika stammt, kommt der Name von »Cymru«, der gälischen Bezeichnung für Wales. Man glaubt, dass es dort eine eigene Spielart schwanzloser Katzen gibt. Die Rasse ist auch als Longhaired Manx bekannt, durchgesetzt hat sich aber Cymric.

CYMRIC 93

GESCHICHTE DER RASSE Obwohl der Name walisische Abkunft unterstellt, handelt es sich um eine rein nordamerikanische Züchtung. In Manx-Würfen kamen schon immer gelegentlich langhaarige Junge vor: In den 1960er Jahren bemühten sich Blair Wright (Kanada) und Leslie Falteisek (USA) um die Anerkennung dieser langhaarigen Varietäten. In den 1980er Jahren akzeptierten CFA und TICA die Katzen als eigene Rasse mit dem Namen Cymric. Die CFA führt sie inzwischen unter Longhaired Manx. In Europa wird die Rasse nicht anerkannt.

Weiß mit orangefarbenen Augen
Der Farbschlag Weiß darf tiefblaue, leuchtend kupferfarbene oder verschiedenfarbige Augen haben. Das Fell soll rein weiß sein, ohne jeglichen Hauch von Gelb und ohne andersfarbige Einzelhaare.

FARBSCHLÄGE

EINFARBIG UND SCHILDPATT
Schwarz, Rot, Blau, Creme, Weiß, Schildpatt, Blau-Creme
Alle anderen einfarbigen und Schildpattfarben

SMOKE
Schwarz, Blau
Alle anderen einfarbigen und Schildpattfarben

SCHATTIERT UND TIPPING
Silberschattiert, Chinchilla-Silber
Alle anderen einfarbigen und Schildpattfarben

MIT ABZEICHEN
Alle Farben und Muster

TABBY (GESTROMT, GETIGERT)
Braun, Rot, Blau, Creme, Braungefleckt, Blaugefleckt
Getupft, getickt, einfarbig, Schildpatt

SILBER-TABBY
Silber, Silbergefleckt
Alle anderen Tabbyfarben

ZWEIFARBIG (STANDARD UND VAN)
Alle einfarbigen und Schildpattfarben mit Weiß
Alle Farben und Muster mit Weiß

SCHWARZ UND WEISS

CHOCOLATE

ROT-TABBY

BLAU

94 LANGHAARKATZEN

Braungetigert mit Weiß
Fellfarbe und -muster spielen bei der Bewertung der Cymric keine so große Rolle. Ausschlaggebend sind: völlige Schwanzlosigkeit, gedrungener Körperbau, runder Kopf mit ausgeprägten Wangen und Schnurrhaarkissen. Oft dauert es mehr als zwei Jahre, bis der verlangte rundliche Körper mit tiefen Flanken ausgebildet ist.

Das Hinterteil ist rund und ohne Andeutung eines Schwanzes

Stämmige Beine, die Vorderbeine deutlich kürzer als die Hinterbeine

CYMRIC 95

Mittelgroße Ohren mit gerundeten Spitzen

Runder Kopf mit leichtem Stop

Auf einen Blick

Entstehungszeit 1960er Jahre
Ursprungsland Nordamerika
Vorfahren Manx
Einkreuzungen Manx
Synonym Longhaired Manx
Gewicht 3,5–5,5 kg
Wesen Freundlich, sanft und ausgeglichen

Nebelung

Das blaue Fell mit den silbernen Haarspitzen verleiht dieser Neuzüchtung eine brillante Eleganz. Das Licht reflektierende Deckhaar glänzt geheimnisvoll. Nur beim Bürsten gegen den Strich sieht man an den Haaransätzen die tiefblaue Grundfarbe. Der Name leitet sich vom althochdeutschen Nebelung (Geschöpf des Nebels) her. Diese Rasse basiert auf einer »verloren gegangenen« Zuchtlinie der Russisch Blau (S. 224).

FARBSCHLAG
EINFARBIG Blau

Der Kopf hat eine modifizierte Keilform mit flacher Stirn und geradem Profil

Nebelung-Kopf
Bei der Geburt und als Jungtier hat die Nebelung gelbe Augen. Mit vier Monaten sollte ein grüner Ring um die Pupille erscheinen. Die völlige Grünfärbung der Augen sollte mit der Geschlechtsreife einhergehen.

GESCHICHTE DER RASSE Blaue Kurzhaar- und Langhaarkatzen aus Russland stellte man schon vor mehr als hundert Jahren aus. Die kurzhaarige Rasse wurde als Russisch Blau bekannt, die langhaarige verlor ihre Eigenständigkeit. 1986 paarte sich Siegfried – Urvater dieser erneuerten Rasse – mit seiner langhaarigen Schwester, die blaue Junge warf. Lediglich die TICA erkannte die Nebelung an (1987), die CFA folgte 1993.

NEBELUNG 97

Die Ohren sind an der Basis breit, die Spitzen leicht gerundet

98 LANGHAARKATZEN

Weit stehende grüne Augen

Das Fell ist doppellagig und fein, die Spitzen der Leithaare sind silbern

Auf einen Blick

Entstehungszeit 1986
Ursprungsland USA
Vorfahren Russisch Blau
Einkreuzungen Russisch Blau
Synonyme Keine
Gewicht 2,25–5 kg
Wesen Zurückhaltend, aber freundlich

NEBELUNG 99

Geschmeidiger, schlanker Körper

Blau
Der Nebelung-Standard gleicht dem der Russisch Blau. Gefordert werden auch hier: geschmeidiger Körper, silberne Haarspitzenfärbung und Semilänge beim doppellagigen Haarkleid.

TÜRKISCH ANGORA

Diese anmutige, feingliedrige Rasse mit ihrem seidigen Fell entspricht dem heutigen Geschmack. Die kleine bis mittelgroße Katze besitzt einen muskulösen Körper, der von einem einlagigen Fell bedeckt ist. Das Haarkleid schimmert, wenn die Katze sich bewegt. Die Türkisch Angora gibt es in allen Farben, die orientalischen Schattierungen ausgenommen. Die lebhaften Tiere sind aufgeweckt und schnell in der Bewegung. Einige Züchter glauben noch immer, die Rasse stamme vom Manul ab. Aber das ist sehr unwahrscheinlich. Das mittellange Fell der Türkisch Angora ist vermutlich das Resultat einer Mutation, die vor Jahrhunderten unter isoliert lebenden Hauskatzenpopulationen in Zentralasien aufgetreten ist.

Schildpatt-Smoke

Die Smoke-Angora sollte in Ruhelage eine volle Färbung zeigen. Nur in Bewegung darf die Unterwolle zu sehen sein. Wenn die Türkisch Angora im Sommer ihr langes Haarkleid verliert, tritt dieser Effekt deutlich schwächer zu Tage.

TÜRKISCH ANGORA 101

Türkisch-Angora-Kopf
Der Kopf sollte einen breiten Keil bilden – mit leicht gerundetem, spitz zulaufendem Kinn. Die Schnurrhaarkissen dürfen nicht deutlich eingebuchtet sein. Die Augenfarbe ist nicht vorgeschrieben, erlaubt sind kupfer- oder goldfarbene Augen und grüne oder blaue.

FARBSCHLÄGE

EINFARBIG UND SCHILDPATT
Schwarz, Rot, Blau, Creme, Schildpatt, Blau-Creme, Weiß
Alle anderen einfarbigen und Schildpattfarben

SMOKE
Farben wie zuvor, außer Weiß

TABBY (GESTROMT, GETIGERT)
Braun, Rot, Blau, Creme
Gefleckt, getigert, alle anderen einfarbigen und Schildpattfarben

SCHATTIERT
Alle anderen einfarbigen und Schildpattfarben, außer Weiß

SILBER-TABBY (GESTROMT, GETIGERT)
Silber
Gefleckt, Ticking und alle anderen einfarbigen und Schildpattfarben

ZWEIFARBIG
Alle einfarbigen und Schildpattfarben mit Weiß
Alle anderen Farben und Muster mit Weiß

ROT

BLAU-TABBY

BLAU-CREME

SILBER-SCHATTIERT

102 LANGHAARKATZEN

GESCHICHTE DER RASSE Angorakatzen aus der Türkei kamen im 17. Jahrhundert zuerst nach Frankreich und Großbritannien. Zu Beginn des 20. Jahrhunderts hatte die Kreuzung mit anderen Langhaarkatzen buchstäblich zum Verschwinden der Rasse außerhalb der Türkei geführt. Die Rasse soll duch ein Zuchtprogramm im Zoo von Ankara gerettet worden sein, doch das ist wohl eher eine romantische Geschichte. Sicher ist, dass Züchter aus Schweden, Großbritannien und den USA nach dem Zweiten Weltkrieg Angoras aus der Türkei, wo die Rasse jetzt geschützt ist, einführten.

Schwarz

Das Fell dieses Farbschlags muss tiefschwarz und von der Wurzel bis zur Spitze durchgefärbt sein. Das Schwarz nimmt eine rostbraune Tönung an, wenn das Fell lange der Sonne ausgesetzt ist. Mit dem Wechsel vom Sommer- zum Winterfell kehrt die volle schwarze Farbe zurück.

Das Fell ist fein und seidig, es besitzt kaum Unterwolle

TÜRKISCH ANGORA 103

silbrig getönte Gesichtshaare

Der Kopf ist klein bis mittelgroß und fast keilförmig

Rotschattiert
Seit Jahrhunderten trägt die Türkisch Angora das Inhibitorgen. Zusammen mit dem Agoutigen ergeben sich silbrige oder schattierte Farben, die sowohl von der TICA als auch von der FIFé anerkannt werden, aber nicht von der CFA. Das Silber tritt während des Haarwechsels im Sommer deutlicher hervor, vor allem im Gesicht.

Der Körper ist lang und schlank, aber muskulös

Schildpatt und Weiß

Dieses Van-Muster herrscht bei türkischen Katzen vor. Bei der zweifarbigen Türkisch Angora sollte die Unterseite einheitlich weiß sein. Die schwarzen und roten Flecken müssen gleichmäßig gefärbt sein.

Die Hinterbeine sind länger als die Vorderbeine

TÜRKISCH ANGORA 105

Die großen Ohren mit den gerundeten Spitzen sind hoch angesetzt

Die großen, ovalen Augen sind leicht schräg gestellt

Auf einen Blick

Entstehungszeit 15. Jh.
Ursprungsland Türkei
Vorfahren Türkische Hauskatzen
Einkreuzungen Keine
Synonym Ankara-Katze
Gewicht 2,5–5 kg
Wesen Energisch, selbstbewusst und freundlich

106 LANGHAARKATZEN

Somali

Diese Katze mit dem buschigen Schwanz und dem leicht gewölbten Rücken gehört in der ganzen Welt zu den beliebten Neuzüchtungen. Wie ihre kurzhaarigen Abessinier-Ahnen (*S. 232*) hat die Somali ein geticktes Fell. Jedes Körperhaar ist drei- bis zwölffach gebändert. Die Bänder sind etwas dunkler als die Grundfarbe und schimmern lebhaft, wenn die Somali ihr volles Haarkleid trägt. Diese Katzen sind geborene Jäger und benötigen unbedingt sehr viel Auslauf im Freien.

Lilac
Das Fell der Lilac hat eine hafermehlfarbene Basis mit Lilac-Ticking. Pfotensohlen und Nasenspiegel sollen dazu passend mauve-rosa sein.

Somali-Gesicht
Alle Somalis besitzen dunkel umrandete Augen mit einer »Brille« aus helleren Haaren. An Wangen und Stirn zeigt sich das Tabbymuster klar und deutlich. Bei Silber-Somalis sind Brust und Unterseite weiß. Die leichte Fleckung bei der hier gezeigten jungen Schwarz-Silber sollte mit dem Erwachsenwerden verschwinden.

Die volle Halskrause ist typisch

Farbschläge

Tabby (mit Ticking)
Wildfarben, Chocolate, Sorrel, Rot, Blau, Lilac, Fawn, Creme, Wildfarben-Schildpatt, Chocolate-Schildpatt, Sorrel-Schildpatt, Blau-, Lilac- und Fawn-Schildpatt

Silber-Tabby (mit Ticking)
Wie einfarbig und Schildpatt

Blau Sorrel Creme

Der Schwanz ist lang und buschig behaart

GESCHICHTE DER RASSE

Die genetischen Wurzeln dieser Rasse liegen in Großbritannien. Mitunter kamen in Würfen von Abessinierkatzen langhaarige Junge vor. In den 1940er Jahren exportierte Janet Robertson einige Abessinierkatzen nach Australien und Nordamerika. In den 1960er Jahren züchtete der Kanadier Ken McGill die erste offizielle Somali. Auf McGills Tieren aufbauend wurde in den späten 1970ern in Nordamerika die Rasse voll entwickelt. Nach Europa kam sie in den 1980er Jahren. Weltweit anerkannt wurde sie 1991.

Hellere Unterseite

SOMALI 109

Kopf mit leicht gerundeter Keilform und leichtem Stop

Fawn (Beige)
Im Sommer verliert die Somali sehr viele Haare. Sieht man von dem buschigen Schwanz ab, wirkt die Katze fast kurzhaarig. Fawn ist die Verdünnung von Sorrel (Rotbraun). Die Unterwolle ist hafermehlfarben, die Bänderung (Ticking) beige.

Der Körper ist mittelgroß, geschmeidig und muskulös

Die Pfoten sind oval und fest

110 LANGHAARKATZEN

AUF EINEN BLICK

ENTSTEHUNGSZEIT 1963

URSPRUNGSLAND Kanada und USA

VORFAHREN Abessinier

EINKREUZUNGEN Keine

SYNONYM Longhaired Abyssinian

GEWICHT 3,5–5,5 kg

WESEN Still, aber dennoch sehr offen und freundlich dem Menschen gegenüber

Ticking: Jedes Haar ist mindestens dreifach gebändert

Wildfarben

Dieser Farbschlag wird in Nordamerika Ruddy (rötlich) genannt, in Großbritannien Usual (normal). Die Grundfarbe ist ein kräftiges Apricot, das Ticking ist tiefschwarz. Der Spitzname lautet Fuchskatze (geschmeidiger Körper, volles Fell, rötliche Färbung).

111

Die großen Ohren sind schalenförmig, innen behaart und stehen weit auseinander

Das mittellange Fell ist fein und sehr weich

Die Beine sind lang, die Pfoten büschelig behaart

CHANTILLY/TIFFANY

Die immer noch seltene Chantilly besitzt ein angenehmes Wesen – nicht so ruhig wie Perser, aber auch nicht so aktiv wie die Langhaarkatzen des orientalischen Typs. Ihre Freude drückt diese Katze mit zärtlichen Lauten aus, die dem Gurren einer Taube ähneln. Nach diesem rührenden »Gezirpe« kann man regelrecht süchtig werden. Die Farbe der ersten Tiere war ein tiefes Chocolate, inzwischen gibt es viele Farben, auch mit Tabbymuster. Diese Rassekatzen sind Spätentwickler. Das mittellange, einlagige Haarkleid ist erst nach zwei bis drei Jahren voll ausgebildet.

FARBSCHLÄGE

EINFARBIG
Chocolate, Cinnamon, Blau, Lilac, Fawn

TABBY (GETIGERT, GETUPFT UND TICKING)
Farben wie zuvor

Chocolate-Tabby (Jungtier)
Einfarbige Tiere sind bei dieser Rasse die Regel, man züchtet sie jedoch auch mit Tabbymuster. Es dauert lange, bis alle Anlagen ausgeprägt sind. So können einige Jahre vergehen, bis die Augenfarbe ihre volle Intensität erlangt hat.

GESCHICHTE DER RASSE Diese gesellige, anspruchslose Rasse ist ziemlich unbekannt, aber gar nicht so neu. Ihre Geschichte ist ziemlich verworren. 1967 erwarb Jennie Robinson in New York ein Paar langhaariger Katzen unbekannter Herkunft. Die Farbe ließ jedoch auf Burmesenvorfahren schließen. Signe Lund aus Florida kaufte die Katzen und nannte sie Tiffany. Da sie auch Burmakatzen züchtete, wurde die Verbindung mit dieser Rasse unabsichtlich fortgesetzt. 1988 erneuerte Tracy Oraas in Alberta, Kanada, die Rasse. Sie glaubte, es seien Abkömmlinge der Angora (*S. 132*).

CHANTILLY/TIFFANY 113

Mittelgroße, an der Basis breite Ohren mit gerundeten Spitzen

114 LANGHAARKATZEN

Auf einen Blick

Entstehungszeit 1970er Jahre

Ursprungsland Kanada und USA

Vorfahren Ungeklärt

Einkreuzungen Angora, Braune Havanna, Nebelung, Somali

Synonyme Tiffany, Foreign Longhair

Gewicht 2,5–5,5 kg

Wesen Sanft, freundlich, aber vorsichtig, daher auch etwas zurückhaltend

Der mittellange, schlanke Körper wirkt elegant

Chocolate

Dies ist die Originalfarbe. Tiefgoldene Augen glühen aus dem sattbraunen Fell hervor. Nasenspiegel und Pfotensohlen sind in dem dazu passenden Braunton gefärbt. Schokoladenbraune Schnurrhaare vollenden dieses ausnehmend aparte Erscheinungsbild.

CHANTILLY/TIFFANY 115

Dreieckiger Kopf mit leichter Einbuchtung in Augenhöhe

Die Beine sind mittellang und muskulös, aber nicht stämmig

Das halblange Fell ist fein und seidig

116 LANGHAARKATZEN

TIFFANIE

Diese aparte Rassekatze wird manchmal mit der Tiffany aus Nordamerika (S. 112) verwechselt. Mit dieser Rasse hat sie aber nichts zu tun. Im Grunde genommen ist sie eine langhaarige Asian (S. 254). Sie wurde jedoch im Rahmen eines gut dokumentierten Zuchtprogramms aus Chinchilla-Persern (S. 16) und Burmesen (S. 262) gezogen. Eine Ähnlichkeit mit ihren langhaarigen Vorfahren zeigt sich nur im Fell. Ihre Gestalt hat sie von der Burmakatze. In ihrem Wesen vereinen sich die besten Züge ihrer Ahnen. Tiffanies sind lebhafter als normale Perser und zurückhaltender als die Burma. Der Rassestandard legt großen Wert auf gute Wesensmerkmale. Die freundliche, pflegeleichte Rasse verdient größte Beachtung.

FARBSCHLÄGE

EINFARBIG (DURCHGEFÄRBT UND SEPIA)
Schwarz, Chocolate, Rot, Blau, Lilac, Creme, Caramel, Apricot, Schwarz-, Chocolate-, Blau-, Lilac- und Caramel-Schildpatt

SCHATTIERT (DURCHGEFÄRBT UND SEPIA)
Farben wie zuvor

TABBY (DURCHGEFÄRBT UND SEPIA, ALLE MUSTER)
Braun, Chocolate, Rot, Blau, Lilac, Creme, Caramel, Apricot, Schwarz, Chocolate-, Blau-, Lilac- und Caramel-Schildpatt

---

Das halblange Fell ist weich und seidig

Braun

Dieser Farbschlag wird häufig mit der Chantilly/Tiffany verwechselt. Die Fellfarbe erscheint zwar wie ein sehr dunkles Chocolate, ist aber tatsächlich ein echtes Schwarz, das durch die Sepia-Abzeichen abgeschwächt wird. Bei den Burmesen wird dies als Sable (Zobel) bezeichnet. Sepia-Abzeichen sind bei einfarbigen Tiffanies gestattet.

Kopf mit kurzer Keilform und deutlichem Stop

118 LANGHAARKATZEN

Die großen Augen sind leicht schräg gestellt

Die großen bis mittel- großen Ohr führen die Konturen d Gesichtes f

Die Beine sind mittellang, die Pfoten rund

Blau-Silberschattiert
Schattierte Tiffanies sind das langhaarige Gegenstück der Burmilla, der ursprünglichen Asian-Fellzeichnung. Asians gleichen sich im Körperbau, die Unterschiede liegen in Farbe, Zeichnung und Länge des Haarkleids.

TIFFANIE 119

GESCHICHTE DER RASSE Die Tiffanie, im Wesentlichen eine langhaarige Burma, ist die einzige Langhaar-Vertreterin der Asian-Rassengruppe. Diese Gruppe lässt sich auf eine zufällige Paarung, die zwischen Chinchilla-Perser und Lilac-Burma 1981 in London stattfand, zurückführen. Das Paar gehörte der Baronin Miranda von Kirchberg. Der Nachwuchs der ersten Generation bestand aus kurzhaarigen, schattierten Burmillas. Die weitere Zucht brachte die rezessiven Gene für Langhaar und Sepia-Abzeichen wieder ans Tageslicht. Einige Burmazüchter unterstützten die Entwicklung der Rassengruppe, die aber getrennt von der Tiffanie bleibt. Unterschiede in der Asian-Gruppe: FIFé-Katzen gehören zum Teil denselben Zuchtlinien an wie GCCF-Katzen, in Großbritannien jedoch verwendet man verstärkt verschiedene Zuchtlinien.

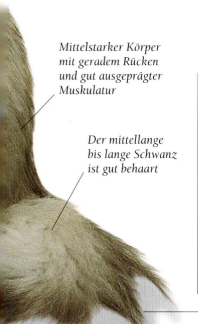

Mittelstarker Körper mit geradem Rücken und gut ausgeprägter Muskulatur

Der mittellange bis lange Schwanz ist gut behaart

AUF EINEN BLICK

ENTSTEHUNGSZEIT 1970er Jahre

URSPRUNGSLAND Großbritannien

VORFAHREN Burma-Chinchilla-Kreuzungen

EINKREUZUNGEN Burma/Chinchilla

SYNONYME Keine

GEWICHT 3,5–6,5 kg

WESEN Lebhaft, anschmiegsam, freundlich und offen, aber nicht aufdringlich

BALINESE

Diese schlanke, feingliedrige Katze wirkt aristokratisch. Sie ist ungemein gesellig und fühlt sich am wohlsten, wenn sie im Mittelpunkt steht und viele Streicheleinheiten erhält. Neugierig wie eine Elster untersucht sie beharrlich Staubsauger, Schränke und Einkaufstaschen. Mit ihrem schmalen Körper vollführt sie manchmal so tolle Kunststücke wie ein Schlangenmensch. Wie die Siamkatze (*S. 280*) findet die Balinese immer einen Weg, dahin zu kommen, wohin sie gerade will. Diese Katze ist ein Energiebündel und braucht geistige und körperliche Anregungen. Ihr Aussehen ist für Abzeichen tragende Katzen typisch. Wäre da nicht der schöne buschige Schwanz, könnte man sie aus der Entfernung für eine Siamkatze halten.

FARBSCHLÄGE

ABZEICHENFARBEN DER BALINESE
Seal, Chocolate, Blau, Lilac

ABZEICHENFARBEN DER JAVANESE
Rot, Creme, Schildpatt (Tortie)
und Tabby in allen Farben
*Cinnamon, Fawn, Smoke,
Silber und mehrfarbig*

ROT-TABBY   BLAU-TORTIE

BALINESE 121

Lilac-Point

Diese anmutige Farbe ist eine Verdünnung von Chocolate. Das magnolienweiße Fell kann eine leichte Lilac-Schattierung haben, während der Nasenspiegel und die Ballen der Pfoten – passend zu den Abzeichen – rosig bis blasslila gefärbt sind. Wie bei allen Farbschlägen der Balinese sind die Augen klar, lebhaft und von einem strahlenden Blau. Dieser Farbschlag wird manchmal auch als Lavender-Point oder Frost-Point bezeichnet.

Keilförmiger, langer Kopf mit eleganten Konturen

Spitz aufgerichtete, große, an der Basis breite Ohren

Die Abzeichen heben sich klar von der Körperfarbe ab

Die Augen stehen weit auseinander, Form und Anordnung entsprechen dem »asiatischen« Typ

Balinese-Kopf
Im Profil betrachtet, muss die Nase gerade und das Kinn kräftig sein. Diese Seal-Tortie-Point trägt eine voll ausgebildete Maske. Von vorne gesehen, sollte das Gesicht breit sein und sich zum zierlichen Maul hin verjüngen.

Der Schwanz ist lang und schön buschig

Blue-Point
Der Standard fordert bei diesem Farbschlag gletscherweiße Körperhaare. Abzeichen und eine eventuelle Rückenschattierung müssen von einem kühlen Blau sein, ebenso der Nasenspiegel. Blue-Point wird recht häufig mit Lilac-Point verwechselt.

Diese Blue-Tabby-Point trägt eine klar gezeichnete Maske

Das mittellange, feine, seidige Fell liegt flach an

Kleine, ovale Pfoten mit Ballen, die farblich zu den Abzeichen passen

124 LANGHAARKATZEN

Seal-Point
Kennzeichen dieses Farbschlags sind die tiefbraunen Abzeichen und die weiche, beige Schattierung des Körpers. Das Seal wirkt nicht so warm wie das Chocolate.

AUF EINEN BLICK

ENTSTEHUNGSZEIT 1950er Jahre

URSPRUNGSLAND USA

VORFAHREN Langhaarige Siam

EINKREUZUNGEN Siam in den USA, Angora in Großbritannien

SYNONYME Bali-Katze, einige Farbschläge werden in den USA Javanese genannt

GEWICHT 2,5–5 kg

WESEN Extrovertiert, verschmust

Der Körper ist mittelgroß, geschmeidig und elegant

BALINESE 125

Chocolate-Point
Bei allen Abzeichen tragenden Katzen dunkelt das Fell im Alter nach, was ihre »Karriere« als Ausstellungskatze verkürzt. Bei diesem ehemaligen Champion ist die Schattierung jetzt zu stark ausgeprägt.

GESCHICHTE DER RASSE In Würfen von Siamkatzen finden sich schon seit langem immer wieder Junge mit halblangem Haar: Bereits 1928 registrierte die CFA eine langhaarige Siamkatze. Züchter gaben die »Langhaarigen« als Haustiere weiter, bis Marion Dorsey nach 1945 in Kalifornien begann, langhaarige Siamkatzen zu züchten. Die Tiere wurden 1955 ausgestellt und 1961 anerkannt. Da Siamzüchter gegen den Namen protestierten, nannte man die Rasse Balinese – weil diese Katzen an balinesische Tänzerinnen erinnern.

NEUERE BALINESEN

Ursprünglich wurden bei Balinesen und Siamkatzen nur Seal, Blau, Chocolate und Lilac-Point anerkannt. Doch die Züchter entwickelten die vielen Farben und Muster, die man heute kennt. In Australien und Großbritannien umfasst der Name Balinese alle Fellfarben und -zeichnungen. Nach wie vor akzeptiert die nordamerikanische CFA nur die vier »traditionellen« Farben. Andere Farben, wie Rot und Creme sowie die Tabby- und Tortie-Muster werden als gesonderte Rassen geführt. Die langhaarigen Formen heißen in Nordamerika Javanese, die kurzhaarigen Colourpoint Shorthairs.

Chocolate-Tortie-Point
Die Schildpattabzeichen (Tortie-Point) sind eine Mischung aus hellem Schokoladenbraun und verschiedenen Rottönen. Größere Rotbereiche dürfen ein Tabbymuster aufweisen.

NEUERE BALINESEN 127

Die Farbe des Nasenspiegels (und die der Ballen) ist eine Mischung aus Chocolate und Rosa

Eine Blesse ist erlaubt

128 LANGHAARKATZEN

Seal-Tabby-Point
Die Seal-Tabby-Point ist deutlich schattiert, wobei das Creme der Körperschattierung auf dem Rücken in ein warmes Beige übergeht. Beine, Schwanz und Gesicht sollen ein klares Tabbymuster aufweisen – der Körper muss frei davon sein.

Gescheckte Schattierung auf dem Körper

Der Schwanz ist lang und buschig

NEUERE BALINESEN 129

Blue-Tabby-Point
Bei der Blue-Point muss der Nasenspiegel blau sein. Bei der Blue-Tabby-Point ist rosa mit blauer Umrandung erlaubt. Die »Daumenabdrücke« auf der Ohrenrückseite dürfen schwächer sein als bei anderen Tabby-Points.

Seal-Tortie-Point
Das tiefe Braun, gemischt mit Rottönen, ist die dunkelste Abzeichenfarbe der Tortie-(Schildpatt-)Points. Die Mischung darf ungleichmäßig sein, es kann auch eine Farbe vorherrschen. Ein Abzeichen darf aber nicht nur eine Farbe haben.

Seal-Tortie-Tabby-Point
Bei diesem Farbschlag müssen alle Abzeichen sowohl Tabbymuster als auch gemischte Farben aufweisen. Die Körperschattierung sollte so ungleichmäßig sein wie bei den Tabby-Points. Bei beiden Formen sind Abweichungen vom vorgeschriebenen Farbton erlaubt.

Ausdrucksstarke, strahlend blaue Augen

NEUERE BALINESEN 131

Chocolate-Tabby-Point

Tabby-Points müssen eine klare Gesichtszeichnung, deutlich gesprenkelte Schnurrhaarkissen und dunkel umrandete Augen aufweisen. Beine und Schwanz sollten gebändert sein. Nicht feststellen lässt sich, welches Tabbymuster eine Abzeichen tragende Katze hat. Die Tabby-Points heißen in Nordamerika Lynx-Points.

Der Körper ist frei von Abzeichen

Der Schwanz ist gebändert

ANGORA

In Wesen und Typ ähnelt diese Katze den anderen östlichen Rassen: lebhaft, neugierig, lang gestreckt, schlank, eleganter buschiger Schwanz. Da ihr feines, seidiges Fell keine Unterwolle besitzt, lässt sich diese Katze leicht pflegen. In Angora-Zuchtlinien dürfen Balinese (*S. 120*), Siam (*S. 280*) und Orientalisch Kurzhaar (*S. 292*) eingekreuzt werden. Einigen Wirrwarr gibt es beim Namen: Damit man die Angora nicht mit der Türkisch Angora (*S. 100*) verwechselt (mit der sie nicht verwandt ist), nennt man sie in Kontinentaleuropa Javanese. Diesen Namen verwenden jedoch nordamerikanische Verbände für einige Farbschläge der Balinese. Als ob sie direkt von der Orientalisch Kurzhaar abstamme, hieß die Angora auch mal Orientalisch Langhaar. Diese Bezeichnung trägt jetzt eine Rasse (*S. 138*), die tatsächlich direkt von der Kurzhaar abstammt.

Weiß mit blauen Augen
Für viele ist dies die Farbe der historischen Angora. Wie bei der Siam leuchten die Augen in strahlendem Blau und haben einen lebhaften Ausdruck. Sie zeigen nicht das blassere Babyblau der westlichen Rassen.

ANGORA 133

FARBSCHLÄGE

EINFARBIG UND SCHILDPATT
Schwarz, Chocolate, Cinnamon, Rot, Blau, Lilac, Fawn, Creme, Caramel, Apricot, Weiß (mit blauen, grünen oder verschiedenfarbigen Augen), Schildpatt, Chocolate-Schildpatt, Cinnamon-Schildpatt, Blau-Schildpatt, Lilac-Schildpatt, Fawn-Schildpatt, Caramel-Schildpatt

SMOKE, SCHATTIERT, SILBERSCHATTIERT UND TIPPING
Farben wie bei »Einfarbig und Schildpatt«, ausgenommen Weiß

TABBY (ALLE MUSTER)
Braun, Chocolate, Cinnamon, Rot, Blau, Lilac, Fawn, Creme, Caramel, Schildpatt, Chocolate-Schildpatt, Cinnamon-Schildpatt, Blau-Schildpatt, Lilac-Schildpatt, Fawn-Schildpatt, Caramel-Schildpatt

SILBER-TABBY (ALLE MUSTER)
Farben wie bei Standard-Tabbys

CHOCOLATE-SCHILDPATT-TABBY | CINNAMON-SCHILDPATT-TABBY | CARAMEL-SCHILDPATT

Der mittelgroße Körper ist grazil und muskulös

Das feine Fell ist seidig und ohne Unterwolle

134 LANGHAARKATZEN

Der Kopf ist fast keilförmig

Bis auf Weiß haben alle Farbschläge grüne Augen

Rot-Silberschattiert
Wie alle silberschattierten Farbschläge besitzt diese Rote ein rein silbernes Unterfell. Dies bildet einen auffälligen Kontrast zu der Haarspitzenfärbung (Tipping). Bei diesem Jungtier ist das Fell noch kurz, da sich das Haarkleid der Angora langsam entwickelt.

Chocolate
Wie ein Luxusgeschöpf sieht diese Katze mit ihren warmen, satten Farbtönen aus. Verlangt wird eine gleichmäßige Färbung. Durch Sonneneinwirkung können sich größere Bereiche, wie der Schwanz, aufhellen, sodass sie blasser sind als das übrige Fell.

Der lange Hals ist schlank

Die langen Beine sind schlank und gut bemuskelt

136 LANGHAARKATZEN

Auf einen Blick

Entstehungszeit 1970er Jahre

Ursprungsland Großbritannien

Vorfahren Siam-Abessinier-Kreuzungen

Einkreuzungen Siam, Balinese, Orientalisch Kurzhaar

Synonyme Javanese (Europa), früher Orientalisch Langhaar (USA), Mandarin

Gewicht 2,5–5,5 kg

Wesen Energisch, extrovertiert und freundlich (braucht viel Zuwendung)

Cinnamon
Die erste Angora, Cuckoo, war zimtfarbig (Cinnamon). Das Gen für die Farbe kommt von den Abessiniervorfahren. Gewünscht ist ein warmer Farbton. Die Farbe der Augenränder und des Nasenspiegels sollten der Fellfarbe entsprechen.

Flach am Körper anliegendes Fell

Der Schwanz ist lang und verjüngt sich

GESCHICHTE DER RASSE Diese Angora wurde in Großbritannien von Maureen Silson erzüchtet, die in den 1960er Jahren eine Seal-Point-Siam mit einer Sorrel-Abessinier (S. 232) verpaarte, um eine Siamkatze mit getickten Abzeichen zu schaffen. Die Nachkommen erbten die Zimtfarbe (Cinnamon/Sorrel) und das Gen für Langhaar, das zur Angora führte. Die meisten der heutigen Angoras haben Abkömmlinge dieser Paarung als Vorfahren. Nicht verwandt ist diese Rasse mit der Angora des 19. Jahrhunderts, der Türkisch Angora oder der Neuzüchtung Orientalisch Langhaar (S. 138).

Die großen Ohren setzen die Keilform des Kopfes fort

Die Vorderbeine sind kürzer als die Hinterbeine

Die Pfoten sind klein und oval

ORIENTALISCH LANGHAAR

Diese schöne, intensiv gefärbte Katze vervollständigt das Quartett der orientalischen Rassen. Wie die Siam (S. 242) ihr Halblanghaar-Gegenstück in der Balinese (S. 120) hat, besitzt die Orientalisch Kurzhaar ihre eigene seidige Halblanghaar-Variante in dieser edlen Orientalisch Langhaar. Das Fell dieser Katze hat keine Unterwolle und liegt meist flach dem Körper an. Im Sommer kann sie – bis auf den buschigen Schwanz – einer Orientalisch Kurzhaar ähneln. Diese Rasse repräsentiert vollkommen ihre Familie: Sie trägt die Farben der »Orientalinnen« sowie das weiche Fell und den buschigen Schwanz der Balinese.

FARBSCHLÄGE

Alle Farben und Muster, außer Abzeichen, Sepia und Mink
Alle Farben und Muster, einschließlich Abzeichen, Sepia und Mink

BLAU-SCHILD-PATT-TABBY   FAWN UND WEISS

WEISS   SCHWARZ

Chestnut

In Nordamerika tragen die Farbschläg der Orientalisch Langhaar die Farbbezeichnungen der Orientalisch Kurzhaar. In Europa heißt die Farbe Chestnut (Kastanienbraun) bei den orientalischen Rassen Havanna. Bei anderen Rassen wird sie Chocolate genannt. Das Braun der Chestnut sollte warm und satt sein und etwas rötlicher als bei Chocolate üblich.

139

Der Hals ist lang und schlank

Keilförmiger Kopf ohne Einbuchtungen in den Schnurrhaarkissen

Der Körper ist lang, geschmeidig und röhrenförmig

Lange, schlanke Beine

140 LANGHAARKATZEN

GESCHICHTE DER RASSE Auch wenn sich die Züchter noch so sehr bemühen, die Zucht zu kontrollieren, sind Katzen immer für eine Überraschung gut. 1985 erzeugten bei der Züchterin Sheryl Ann Boyle eine Orientalisch Kurzhaar und eine Balinese einen Wurf Halblanghaar-Orientalen. Diese Kätzchen waren so attraktiv, dass man daraus eine neue Rasse erzüchtete, die von der TICA und CFA anerkannt wurde. Wie bei der Orientalisch Kurzhaar herrscht unter den Zuchtverbänden auch bei dieser Rasse Uneinigkeit über den Status der Abzeichen tragenden Tiere. Mit der Angora (S. 132) kann man diese Rasse eigentlich nicht verwechseln, da die Unterschiede im Äußeren und in der Abstammung deutlich zu erkennen sind.

AUF EINEN BLICK

ENTSTEHUNGSZEIT 1985

URSPRUNGSLAND Nordamerika

VORFAHREN Orientalisch Kurzhaar, Balinese

EINKREUZUNGEN Siam, Balinese, Orientalisch Kurzhaar

SYNONYME Keine

GEWICHT 4,5–6 kg

WESEN Freundlich, neugierig, lebhaft und offen (braucht viel Zuwendung)

Chestnut-Silver-Ticked-Tabby
Das getickte (gebänderte) Haarkleid sollte im Gesicht, an den Beinen und am Schwanz klare Abzeichen aufweisen. Und mindestens ein »Halsband« sollte es geben. Das Silber schwächt die Farbe ab, und der Kontrast zwischen Deck- und Unterhaar vermag den Schimmer des Tickings zu überlagern.

Der lange Schwanz verjüngt sich und ist buschig behaart

141

Die großen, spitz aufgerichteten Ohren setzen die Gesichtskonturen fort

Die mittelgroßen, mandelförmigen Augen sind schräg gestellt

LA PERM

Die meisten Rexrassen stammen von Kurzhaarkatzen ab und werden daher auch mit Kurzhaar weiterentwickelt. Die La Perm und die Selkirk Rex (S. 82) sind die einzigen Rassen mit langem lockigem Fell, die von den großen Dachverbänden anerkannt werden. Die Bohemian Rex, die man als Rex Langhaar vorgeschlagen hatte, wurde nie als Rasse akzeptiert. Auch die Maine Coon mit Rexfell (S. 46) ist mehr als umstritten. Obwohl die La Perm aus Zufallsverpaarungen amerikanischer Katzen hervorgegangen ist, hat sie mit ihrem markanten, keilförmigen Kopf und dem schlanken Körperbau ein »asiatisches« Aussehen. Die ausnehmend aktive und neugierige La Perm braucht sehr viel Auslauf im Freien Sie jagt gern und ausgezeichnet. Als Schoßkatze eignet sie sich demzufolge nicht. Ihre Abstammung von Bauernkatzen spiegelt sich in der Rassebeschreibung deutlich wider.

FARBSCHLÄGE

Alle Farben und Muster, einschließlich Sepia, Abzeichen und Mink

WEISS

Rot-Tabby

Die Anzahl roter Katzen in einer nicht selektierten Population hängt von den geografischen Gegebenheiten ab. Da es sorgfältiger Zucht bedarf, um die Tabbyzeichnung aus rotem Fell zu beseitigen, gibt es nur sehr wenige einfarbige rote Tiere. Bei jeder Neuzüchtung beginnt die Arbeit eigentlich immer bei Null.

LA PERM 143

Gelocktes Haar am Ohransatz

Die großen Augen sind ausdrucksvoll und leicht schräg gestellt

␣r Körper ist ␣ttelgroß und ␣t bemuskelt

Langer, ␣uschiger ␣chwanz, der sich verjüngt

144 LANGHAARKATZE

Auf einen Blick

Entstehungszeit 1982

Ursprungsland USA

Vorfahren Bauernkatzen

Einkreuzungen Rasselose Katzen

Synonym Dalles La Perm

Gewicht 3,5–5,5 kg

Wesen Anhänglich, sehr neugierig, lebhaft und aktiv (braucht viel Auslauf im Freien)

Mittellanges, gelocktes Fell mit dicker Unterwolle

Blaugetigert (Jungtier)

Die erste La Perm kam nackt auf die Welt und bekam später ihr Rexfell. Die meisten Tiere werden jedoch mit einem leicht gelockten Haarkleid geboren. Nach einer haarlosen Phase im ersten Lebensjahr bildet sich das weiche Fell mit der typischen Lockung aus.

LA PERM 145

GESCHICHTE DER RASSE 1982 brachte eine Bauernkatze in The Dalles, Oregon (USA), sechs Junge zur Welt, unter denen sich ein kahles Kätzchen befand. Trotz dieses Nachteils überlebte die kleine Kätzin. Mit der Zeit bekam sie ein Fell, das erstaunlicherweise – anders als bei ihren Wurfgeschwistern – lockig war und sich seidenweich anfühlte. Linda Koehl, Besitzerin der Katze und Begründerin der Rasse, nannte das Junge Curly. In den nachfolgenden fünf Jahren züchtete Linda Koehl eine ganze Reihe von lockig-behaarten Katzen, die zum Ursprung der Rasse La Perm wurden. Das für die Fellstruktur zuständige Gen ist dominant, daher kann man viele Kreuzungen durchführen, um den Genpool zu vergrößern, und erhält trotzdem eine unverminderte Anzahl von Nachkommen mit Rexfell. Von den großen Dachverbänden hat nur die TICA die La Perm anerkannt.

Die Ohren stehen weit auseinander und führen die Umrisslinien des Gesichtes fort

Der mittelgroße Kopf ist beinahe keilförmig

Die Vorderbeine sind kürzer als die Hinterbeine

KURILEN-STUMMEL-SCHWANZ-KATZE

Diese freundliche Katze mit den hübschen Kulleraugen unterscheidet sich stark von der Japanischen Stummelschwanzkatze (S. 150), obwohl sie den gleichen kurzen Schwanz hat. Ihr Fell ist, bedingt durch die rauen Winter ihrer nördlichen Heimat, länger und dichter als das ihrer südlichen Verwandten. Und ihr Körperbau ist deutlich gedrungener. Der Rassestandard erkennt nur eine recht kleine Farbpalette an. Die Rasse ist sehr liebenswert, will aber ihre Unabhängigkeit gewahrt wissen.

Halblanges Haar mit sichtbarem Unterfell

Die Beine mit den runden Pfoten sind stämmig, wirken aber nicht schwer

Die mittelgroßen Ohren sind hoch angesetzt

Rot

Das geschlechtsgebundene Rot kommt recht häufig bei Katzen in der Heimatregion dieser Rasse vor. Im Idealfall sind die Augen kupferfarben. Die längste Behaarung befindet sich an der Kehle und in den »Knickerbockern« der Hinterbeine. Bei den Katern bildet sich oft eine deutliche Wamme aus.

FARBSCHLÄGE

EINFARBIG UND SCHILDPATT
Schwarz, Rot, Blau, Creme, Schildpatt, Blau-Creme, Weiß

SMOKE (SCHATTIERT, TIPPING)
Farben wie bei »Einfarbig und Schildpatt«, ausgenommen Weiß

TABBY (GESTROMT, GETIGERT, GETUPFT)
Braun, Rot, Blau, Creme, Braun-Schildpatt, Blau-Schildpatt

SILBER-TABBY
Farben wie bei Standard-Tabbys

ZWEIFARBIG
Alle zugelassenen Farben mit Weiß

148 LANGHAARKATZEN

Auf einen Blick

Entstehungszeit Vor dem 18. Jh.

Ursprungsland Kurileninseln

Vorfahren Hauskatzen

Einkreuzungen Keine

Synonyme Keine

Gewicht 3–4,5 kg

Wesen Freundlich, anhänglich, liebt aber ihre Unabhängigkeit

Geschichte der Rasse Bis vor einiger Zeit kannte man nur die Japanische Stummelschwanzkatze. Seit die Länder der früheren Sowjetunion weltoffener geworden sind, kommen von dort laufend neue Rassen, z. B. die Kurilen-Stummelschwanzkatze. Diese Katze zeigt die gleiche Mutation wie ihre japanische Verwandte und lebt schon seit Jahrhunderten auf den Kurilen. Russische Zuchtverbände sehen in der genetischen Ähnlichkeit kein Problem. Im westlichen Europa könnte allerdings die gemeinsame Mutation, die für den Stummelschwanz verantwortlich ist, ein Hindernis für die Anerkennung der Rasse sein.

Schwanz kurz gelockt und hoch getragen

KURILEN-STUMMELSCHWANZKATZE 149

Breiter Kopf mit leichtem Stop und leichter Einbuchtung in den Schnurrhaarkissen

Mittelgroßer, muskulöser, gedrungener Körper

Schildpatt und Weiß
Auch die Kätzinnen (wie diese hier) haben einen kräftigen Körperbau, muskulöse Beine und breite Schultern. Die Hinterbeine sind länger als die Vorderbeine. Der hoch angesetzte Schwanz sollte aus längerem Haar bestehen und wie ein weicher Ball sein.

JAPANISCHE STUMMEL-SCHWANZKATZE

Nur wenige Tiere gibt es von dieser geselligen Langhaarrasse. Das liegt zum Teil an den Vererbungsvorgängen, die zu Inzuchtproblemen führen können. Bei dieser Form mit den halblangen Haaren bildet der kurze Schwanz eine flauschige Quaste. In diesem Fall ist das Merkmal weder mit Rückgrat- noch Knochendeformationen verbunden.

FARBSCHLÄGE

EINFARBIG UND SCHILDPATT
Schwarz, Rot, Schildpatt, Weiß
Alle anderen einfarbigen und Schildpattfarben, einschließlich Abzeichen, Mink und Sepia

TABBY
Alle Farben in allen vier Tabbymustern

ZWEIFARBIG
Schwarz, Rot, Schildpatt mit Weiß
Alle anderen Farben und Muster mit Weiß

Gesicht der Stummelschwanzkatze
Das Gesicht mit den weichen Konturen und den hohen Backenknochen bildet ein fast gleichseitiges Dreieck. Tiere mit verschiedenfarbigen Augen sind hoch geschätzt, vor allem beim Farbschlag Schildpatt und Weiß, der bei dieser Rasse Mi-ke genannt wird.

GESCHICHTE DER RASSE Diese Katze ist eine natürliche Spielart der kurzhaarigen Stummelschwanzkatze (*S. 304*). In der japanischen Kunst der letzten drei Jahrhunderte finden sich viele Beispiele für beide Varianten. Die Aufzeichnung der Zuchtgeschichte beginnt jedoch erst 1968, als kurzhaarige Stummelschwanzkatzen, die das Langhaar-Gen in sich trugen, in die USA gelangten. Nachdem sich die Kurzhaarform in Nordamerika etabliert hat, wird nun auch die langhaarige Katze populärer. In Europa ist sie noch nicht anerkannt.

JAPANISCHE STUMMELSCHWANZKATZE 151

Große, aufrecht und weit auseinander stehende Ohren

Großer Kopf mit leichtem Stop und Einbuchtungen in den Schnurrhaarkissen

152 LANGHAARKATZEN

AUF EINEN BLICK

ENTSTEHUNGSZEIT 18. Jh.
URSPRUNGSLAND Japan
VORFAHREN Hauskatzen
EINKREUZUNGEN Keine
SYNONYM Japanese Bobtail
GEWICHT 2,5–4 kg
WESEN Aufgeweckt, neugierig

Der Körper ist lang gestreckt, schlank und gut bemuskelt

Die Schwanzquaste ist lockig oder aus glatten Haaren

Die Beine sind lang und schlank, jedoch nicht zierlich

Die großen Augen sind oval und leicht schräg gestellt

Rot und Weiß

Das Erscheinungsbild ist durch lange, klare Linien geprägt. Die gut bemuskelte Katze wirkt eher athletisch als stämmig. Ihre Beine sind schlank, aber nicht zierlich. Die Hinterbeine sind länger als die Vorderbeine, werden aber gebogen getragen, sodass die Rückenlinie fast gerade erscheint, wenn die Katze geht oder steht.

Rasselose Langhaarkatzen

Gewöhnliche Hauskatzen – aus Zufallsverpaarungen hervorgegangen – werden heute am häufigsten als Haustiere gehalten. Auf eine Rassekatze kommen vier rasselose Tiere. Die Persönlichkeit einer Katze beruht nicht nur auf Rassemerkmalen, sondern vor allem auch auf ihren frühen Erfahrungen. Daher sind die »Rasselosen« oft angenehme, liebenswerte Hausgenossen. Wenige von ihnen tragen ein langes Fell, da es ein rezessives Merkmal ist. Es gibt jedoch einige, die der Angora oder der Maine Coon ähneln.

Blau
Die Farbe Blau findet sich bei vielen Rassen, die auf natürliche Weise entstanden sind. Sie kommt häufig in europäischen Katzenpopulationen vor. Das Aussehen solcher Hauskatzen ähnelt dem südeuropäischer Rassen, z. B. der Türkisch Angora.

RASSELOSE LANGHAARKATZEN 155

Creme und Weiß

Cremefarbene Tiere kommen in frei lebenden Katzenpopulationen seltener vor als rote. Beide Farben weisen ein mehr oder weniger ausgeprägtes Tabbymuster auf. Bei Rassekatzen wird es zum Verschwinden gebracht, um eine einheitliche Farbe zu erzielen. Unter den rasselosen Katzen gibt es jedoch auch Tiere mit sehr gleichmäßig gefärbtem Fell.

KURZHAARKATZEN – EINFÜHRUNG

Vor Jahrtausenden haben sich Hauskatzen aus Ägypten über die ganze Welt verbreitet und sich jeweils an die neuen Lebensbedingungen angepasst. In rauem Klima überlebten kräftige Tiere mit einem schützenden dichten, Wasser abweisenden Fell. In nördlichen Regionen entwickelte sich der so genannte Plumptyp, aus dem nicht nur die Britisch Kurzhaar hervorging, sondern der auch weltweit die genetische Grundlage vieler Katzenrassen bildete. In warmen Klimazonen ergab die natürliche Auslese ein dünneres Fell und einen schlankeren Körper, was die Wärmekompensation erleichterte. Diese Katzen zählen zum Schlanktyp. Und die ganz schlanken (gepaart mit bestimmten Merkmalen) nennt man orientalischer oder exotischer Typ.

Mutationen des Felltyps sind immer wieder aufgetreten und ausgestorben, wenn der Mensch nicht eingegriffen hat. Viele Kurzhaarrassen haben ein welliges oder gelocktes Rexfell, das erstmals mit der Cornish Rex (S. 312) in Erscheinung trat. Im heutigen Zuchtgeschehen strebt man eher nach neuen Kreationen und weniger nach der Verfeinerung desssen, was die Natur geschaffen hat. Vielfach werden dabei Wildkatzen nachgeahmt. Dafür ist die Ocicat (S. 344) ein typisches Beispiel.

Siamkatze

Im Gegensatz zu früher tragen heutzutage viele Katzenrassen die Abzeichen, die einst die Siam gekennzeichnet hat. Typisches Merkmal der modernen Siam ist eher ihr extrem lang gestreckter, überschlanker und graziöser Körper, der in Züchterkreisen allerdings ziemlich umstritten ist.

Europäisch Kurzhaar

Wie die Britisch und Amerikanisch Kurzhaar hat sich diese Rasse im Lauf der Jahrhunderte von allein aus frei laufenden Katzen entwickelt. Züchter des 20. Jahrhunderts haben sie erhalten und weitergezüchtet.

Exotisch Kurzhaar

Diese kurzhaarige Form der Perserkatze (*S. 16*) sieht wirklich exotisch aus und hat die sanfte Persönlichkeit und Stimme ihrer Mutterrasse. Exotisch Kurzhaar hat den Körperbau der Perser, aber ein eigenartiges Fell: nicht ganz kurz, aber auch nicht halblang. Durch die dem Kurzfell dienenden Einkreuzungen ist die Katze lebhafter und neugieriger als ihre gemächlichen Vorfahren. Vorhanden sind immer noch die anatomischen Probleme, die das ererbte Persergesicht mit sich bringt. Das dichte, doppellagige Fell muss zweimal in der Woche gekämmt werden. Die Zucht ist schwierig, daher ist die Rasse selten.

Braungetigert
Perser dürfen nur gestromt sein, die Exotisch Kurzhaar dagegen auch getigert oder getupft. Bei allen drei Tabbymustern gleicht sich die Gesichtszeichnung, nur die Körperzeichnung variiert. Körper und Schwanz eines getigerten Tabbys sollte von von möglichst vielen Streifen überzogen sein.

Das plüschige, dichte Fell steht vom Körper ab

Seal-Point
Farbschläge mit diesem Muster werden nicht wie bei den Langhaarkatzen als getrennte Rasse betrachtet. Farblich sollten alle Abzeichen gleich sein. Die Maske muss das gesamte Gesicht bedecken. Die Abzeichen färben sich nach und nach aus. Dichte Farben, wie Seal, bilden sich zuerst heraus.

FARBSCHLÄGE

Alle Farben und Muster, auch Abzeichen, Sepia und Mink

160 KURZHAARKATZEN

Geschichte der Rasse In den frühen 1960er Jahren versuchten Züchter der Amerikanisch Kurzhaar (S. 190) die Fellstruktur der Perserkatze in diese Kurzhaarrasse einzubringen. Dies ergab jedoch Katzen mit dem Fell der Kurzhaar und dem kompakten Körperbau der Perser. Unabsichtlich entstand so die »kurzhaarige Perserkatze« mit dem flachen »Teddybär-Gesicht«. Um sie von der Amerikanisch Kurzhaar zu unterscheiden, nannten die Züchter sie Exotisch Kurzhaar und verwendeten in ihren Zuchtprogrammen auch Britisch Kurzhaar (S. 164), Burma (S. 262) und sogar Russisch Blau (S. 224). Die CFA hat 1967 die Exotisch Kurzhaar als Rasse anerkannt.

Schwarz

Tiefschwarz muss das Fell sein, die Augen sollen golden leuchten. Graue oder rostige Farbtöne, die bei Jungtieren auftreten, akzeptiert man bei erwachsenen Ausstellungskatzen nicht.

Der Schwanz ist verhältnismäßig kurz

Die großen Pfoten sind rund und fest

EXOTISCH KURZHAAR 161

Kopf der Exotisch Kurzhaar
Von der Perserkatze hat diese Rasse einige Defekte geerbt: tränende Augen, enge Nasenlöcher, Gebissprobleme. Der britische Standard verlangt für beide Rasse ein nur mäßig verkürztes Gesicht – das bei diesem Jungtier zu sehen ist.

Blau
Das Blau der Exotisch Kurzhaar gleicht dem der Britisch Kurzhaar. Und doch unterscheiden sich die beiden kompakten Katzen stark. Von den Kurzhaarrasen ist die Exotisch Kurzhaar die rundlichste. Ihr Standard verlangt ausdrücklich Rundlichkeit bei allen Konturen – von den Ohren bis zu den Zehen. Die Katze darf weich und pummelig aussehen, aber unter dem Plüschfell sollte sich ihre Muskulatur abzeichnen.

Die Augen sind groß und rund

162 KURZHAARKATZEN

Blau-Creme

Der Standard der Exotisch Kurzhaar verlangt bei allen Schildpatt-Farbschlägen eine ausgewogene Farbverteilung und weiche Übergänge. Alle vier Beine und der Schwanz sollen beide Farben tragen. Blessen im Gesicht und ein paar intensive Farbflecken werden nicht als Fehler angesehen.

Mittelgroßer bis großer, gedrungener Körper mit niedrigen Beinen

Das plüschige, dichte Fell steht vom Körper ab

Auf einen Blick

Entstehungszeit 1960er Jahre

Ursprungsland USA

Vorfahren Perser, Amerikanisch Kurzhaar

Einkreuzungen Keine

Synonyme Keine

Gewicht 3–6,5 kg

Wesen Sanft, freundlich und neugierig

EXOTISCH KURZHAAR 163

Runder, massiver Kopf mit vollen Wangen

BRITISCH KURZHAAR

Diese Katze mit dem eindrucksvollen Körperbau ist selbstbewusst, sehr souverän und sanft. Nur hochnehmen lässt sie sich äußerst ungern. Ihre Züchter beschreiben sie als eine Katze, die am liebsten mit allen Vieren fest auf dem Boden steht. Zahlreiche feste Leithaare geben dem dichten Fell seine harsche, drahtige Struktur. Eine dicke Unterwolle schützt die Katze auch an eiskalten Tagen. Die kompakte Katze mit den großen, runden Augen ist gut bemuskelt und erstaunlich schwer. Sie gilt als ungewöhnlich gute Jägerin.

Mittelgroße Ohren mit gerundeten Spitzen

Rotgestromt
Die ursprüngliche Tabbyfarbe war Braun, das man aber nur noch selten sieht. Auch Rot trat schon früh in Erscheinung. Der Ingwerton der rasselosen Vorfahren ist im Verlauf eines Jahrhunderts der Zucht in kräftige gelbbraune Töne verwandelt worden.

*Kurzer Schwanz
mit stumpfer Spitze*

Silbergetupft

Diese schöne Zeichnung tauchte schon in den 1880er Jahren auf. Silber-Tabbys gibt es in allen Tabby-farben und -mustern, Schwarz ist eine der beliebtesten Farben. Wie bei anderen Rassen geht hier Silber mit haselnussbraunen und nicht mit kupferfarbenen Augen einher.

FARBSCHLÄGE

EINFARBIG UND SCHILDPATT
Schwarz, Chocolate, Rot, Blau, Lilac, Creme, Schildpatt, Chocolate-Schildpatt, Blau-Schildpatt, Lilac-Schildpatt, Weiß (mit blauen, orangefarbenen und verschiedenfarbigen Augen)

SMOKE, TIPPING
Farben wie zuvor, Gold-Tipping

ZWEIFARBIG
Alle einheitlichen und Schildpattfarben mit Weiß

TABBY (GESTROMT, GETIGERT, GETUPFT)
Braun, Chocolate, Rot, Blau, Lilac, Creme, Schildpatt, Chocolate-Schildpatt, Blau-Schildpatt Lilac-Schildpatt

SILBER-TABBY (GESTROMT, GETIGERT, GETUPFT)
Wie bei Standard-Tabbys

ABZEICHEN
Alle einfarbigen, Schildpatt- und Tabbyfarben

ROT-
GETUPFT

BLAU-
GETUPFT

SCHWARZ-
SMOKE

BRAUN-
GESTROMT

Schwarz

Die leuchtend goldenen Augen findet man bei den rasselosen Ahnen der Britisch Kurzhaar nur selten. Diese haben in der Regel grüne oder haselnussbraune Augen. Im Gegensatz zu früher gelten schwarze Katzen heute als Glücksbringer.

BRITISCH KURZHAAR 167

Schildpatt

*Bei diesem schwer zu züchtenden Farbschlag
verlangt der Standard eine gleichmäßige
Farbmischung ohne auffällige Flecken. Im
Gegensatz zum Schildpattstandard
der Amerikanisch Kurzhaar gelten
bei der Britisch Kurzhaar andersfarbige Haare oder gar eine
Tabbyzeichnung als Fehler.*

*Dichtes, sehr
harsches Fell*

GESCHICHTE DER RASSE

Die Britisch Kurzhaar wurde um 1800
aus britschen Bauern-, Straßen- und Hauskatzen entwickelt. Auf den ersten britischen Ausstellungen war sie die am häufigsten gezeigte Rasse. Harrison Weir,
der Begründer des Katzenzuchtwesens, züchtete selbst »Britisch
Blaue«. Dennoch drohte dieser Rasse in den 1950er Jahren der
Untergang. Engagierte Züchter exportierten einige Tiere nach Irland
und in den Commonwealth und erneuerten die Rasse. Im Lauf der
1970er Jahren kam sie in die USA, wo sie zahlreiche Anhänger fand.
Im Gegensatz zu den meisten kurzhaarigen Katzen hat mehr als die
Hälfte aller Britisch Kurzhaar die sehr seltene Blutgruppe B.

168 KURZHAARKATZEN

Blau

Britisch Blau war einer der ersten erzüchteten Farbschläge und lange die einzige Farbe, die in Nordamerika anerkannt wurde. Die Britisch Blau ist auch heute noch sehr beliebt. Sie gilt als die klassische, zeitlose Britisch Kurzhaar. In den 1950er Jahren wurden Katzen des orientalischen Typs eingekreuzt, dann Blaue Perser, die im Typ besser zu dieser Rasse passten.

Die großen, fast runden Augen sind meist kupfer- oder goldfarben

Der gedrungene Körper steht auf niedrigen Beinen

BRITISCH KURZHAAR 169

Weiß mit orangefarbenen Augen
Dieser Farbschlag wurde aus der Weißen mit blauen Augen entwickelt. Ein reines Weiß ohne einen Hauch Gelb ist selten. Angeborene Taubheit, das Problem der Weißen mit blauen und verschiedenfarbigen Augen, kommt bei diesem Farbschlag in der Regel selten vor.

Rundes Gesicht mit vollen Wangen

Auf einen Blick

ENTSTEHUNGSZEIT 1880er Jahre

URSPRUNGSLAND Großbritannien

VORFAHREN Haus-, Straßen- und Bauernkatzen

SYNONYME British Shorthair, Farbschläge mit Tipping hießen früher Chinchilla-Kurzhaar

GEWICHT 4–8 kg

WESEN Freundlich und gelassen

Neuere Farben der Britisch Kurzhaar

Seit dem ersten Auftauchen der Britisch Kurzhaar hat sich die Palette ihrer Fellfarben und -muster erheblich erweitert. In den 1950er Jahren gab es kaum noch Vertreter dieser Rasse. Um das blaue Fell zu erhalten, kreuzten die Züchter die wenigen noch vorhandenen Tiere mit Perserkatzen. Manchmal führt dieser – inzwischen stark zurückgegangene – Persereinschlag noch zu Nachkommen mit flauschigem Haarkleid. In jüngster Zeit entstanden durch gewagte Einkreuzungen von Rassen des orientalischen Typs wunderschöne neue Fellfarben. Diese werden jedoch außerhalb Großbritanniens nicht überall anerkannt.

Schwarz und Weiß

Von Anbeginn gibt es in dieser Rasse zweifarbige Tiere. Ursprünglich sollte die Farbverteilung symmetrisch sein. Da diese Forderung kaum zu erfüllen war, wurde der Standard geändert. Nur die Hälfte bis ein Drittel des Fells muss weiß sein.

Ohren mittelgroß, Spitzen gerundet

Schwarz mit Tipping
Bis 1978 hieß dieser Farbschlag Chinchilla-Kurzhaar, weil er aus der Verpaarung mit Chinchilla-Persern entstanden ist. So lange die Jungtiere noch nicht ausgefärbt sind, ist die Perserverwandtschaft noch gut zu erkennen.

Das harsche Fell teilt sich leicht

Schildpatt und Weiß

Im Gegensatz zum üblichen Schildpattmuster sind hier deutlich abgegrenzte rote und schwarze Flecken vorhanden. Das geschlechtsgebundene Gen für Rot beeinflusst das Gen für Zweifarbigkeit, daher ist hier eine Mischung der Farben unmöglich. Wie bei anderen Zweifarbigen sollte der Weißanteil ein Drittel des Fells betragen.

Breite Schultern und ein kräftiger, breiter Hals

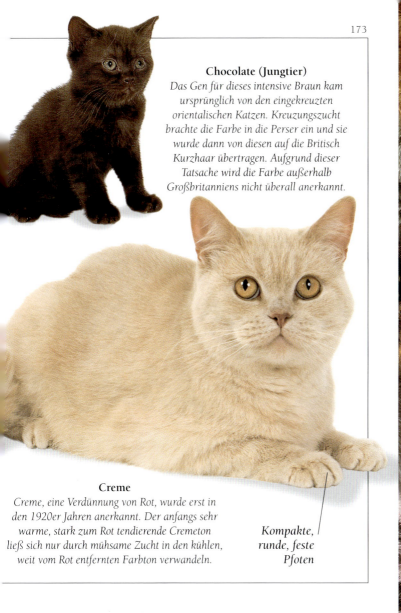

Chocolate (Jungtier)
Das Gen für dieses intensive Braun kam ursprünglich von den eingekreuzten orientalischen Katzen. Kreuzungszucht brachte die Farbe in die Perser ein und sie wurde dann von diesen auf die Britisch Kurzhaar übertragen. Aufgrund dieser Tatsache wird die Farbe außerhalb Großbritanniens nicht überall anerkannt.

Creme
Creme, eine Verdünnung von Rot, wurde erst in den 1920er Jahren anerkannt. Der anfangs sehr warme, stark zum Rot tendierende Cremeton ließ sich nur durch mühsame Zucht in den kühlen, weit vom Rot entfernten Farbton verwandeln.

Kompakte, runde, feste Pfoten

Runde, kompakte Pfoten

Dickes, harsches Fell

Jungtier mit Seal-Abzeichen
Die Colourpoint-Farben beruhen auf Einkreuzungen der Siam und sind außerhalb Großbritanniens nicht anerkannt. Bis auf die Abzeichen gleichen die Tiere nach wie vor der klassischen Britisch Kurzhaar.

NEUERE FARBEN DER BRITISCH KURZHAAR 175

Blau-Creme-Tabby
Wie bei den einfarbigen Tabbys sollten auch bei diesem Farbschlag die Abzeichen gleichmäßig gefärbt sein und im Idealfall eine gut ausgewogene Farbmischung zeigen.

Runder Kopf mit vollen Wangen

Manx

Die Kennzeichen der Manx sind unübersehbar. Ihr fehlt der Schwanz, sie hat einen hoppelnden Gang und alles an ihr erscheint rund: Körper, Augen, Rumpf und Kopf. Sie ist ein Spätentwickler. Und sie kommt in vielen Fellfarben und -mustern vor. Bei dieser liebenswerten anhänglichen Katze unterscheidet man folgende Typen: Rumpy (ohne Schwanz, nur eine Vertiefung am Ende der Wirbelsäule), Stumpy (mit kurzem Schwanz) und Tailly (mit fast normalem, meist geknicktem Schwanz). Alle drei Typen sind anhängliche Hausgenossen, als Ausstellungskatze eignet sich nur ein Rumpy.

FARBSCHLÄGE

Farben wie bei der Britisch Kurzhaar (*S. 165*)
Alle Fellfarben und -muster

BLAU-TABBY   WEISS

ROT   SILBER-TABBY

MANX 177

Der Körper ist kompakt, der Rücken kurz

Die recht großen Ohren sind hoch angesetzt

Braungestromt und Weiß
Die Hinterbeine sind wesentlich länger als die Vorderbeine und werden meist gebogen getragen. Dies bewirkt den typischen Hoppelgang und lässt die Katze insgesamt rundlich erscheinen.

Schwarz und Weiß

Diese bei britischen Hauskatzen häufig anzutreffende Farbkombination darf bei der Manx nicht fleckig sein. Bei der hier gezeigten Katze verstößt der Schwanzrest gegen den Standard.

AUF EINEN BLICK

ENTSTEHUNGSZEIT Vor 18. Jh.
URSPRUNGSLAND Insel Man
VORFAHREN Hauskatzen
EINKREUZUNGEN Keine
SYNONYM Man-Katze
GEWICHT 3,5–5,5 kg
WESEN Sanft, anhänglich und ausgeglichen

MANX 179

Schildpatt
Wegen seines noch vorhandenen Stummelschwanzes ist dieser Stumpy als Ausstellungstier nicht geeignet. Im Gegensatz zu den nordamerikanischen Verbänden bevorzugen die britischen eine weichere Schildpattfarbmischung.

Das doppellagige, dicke Fell fühlt sich wie ein weiches Polster an

180 KURZHAARKATZEN

Braun-Schildpatt-Tabby

Die Manx ist eine der korpulentesten Rassen. Je nach Dachverband fordert der Standard entweder eine »gute Breite der Brust« oder dass Körper und Beine im Umriss ein Quadrat bilden. Übereinstimmend wird von Ausstellungstieren absolute Schwanzlosigkeit und ein gut gerundetes Hinterteil verlangt.

Der Kopf ist groß und rund, die Nase mittellang

Das Hinterteil darf weder Knochen- noch Knorpelerhebungen aufweisen

Manx-Kopf

Das Gesicht mit den vollen Wangen verrät die Abkunft von britischen Hauskatzen. Verlangt wird ein breiter, rundlicher Kopf mit gerader Nase und kräftigem Kinn.

Die Ohren sind leicht nach außen gerichtet

Die Farbe der Augen soll zur Fellfarbe passen

GESCHICHTE DER RASSE Die Manx stammt von der Insel Man. Bei Katzen kommt Schwanzlosigkeit als Mutation vor, die aber meistens wieder verschwindet. Doch in isolierten Populationen, z. B. auf einer Insel, kann sie erhalten bleiben, wie es bei der Manx und der Japanischen Stummelschwanzkatze (*S. 150*) der Fall war. Die anfangs recht schlanke Manx wird heute rundlich gezüchtet. In Großbritannien stellt man die Manx seit dem späten 19. Jahrhundert aus, in Nordamerika seit 1899. Die CFA erkannte sie in den 1920er Jahren an.

SELKIRK REX

Die Katzen dieser Rasse kommen mit dem samtweichen, plüschigen Rexfell auf die Welt. Es verschwindet dann aber und taucht erst acht bis zehn Monate später wieder auf. Das Fell mit seinen lockigen Einzelhaaren braucht sorgfältige Pflege. Kämmt und bürstet man es jedoch übermäßig häufig, besonders nach dem Baden, werden die Haare schnell glatt. Im Körperbau – vor allem in der Beinlänge – ähnelt diese geduldige und gelassene Rasse der Britisch Kurzhaar. Die Selkirk Rex gibt es in zwei Varianten, als plüschige Kurzhaarkatze und als ausnehmend attraktive Langhaarkatze (S. 82). Die Gesundheitsstörungen, die bei anderen Rexarten durchaus vorkommen, hat man bei dieser Rexkatze bislang noch nicht beobachtet. Im Gegensatz zu anderen Rexrassen vererbt sich das rassebildende Merkmal der Selkirk dominant, sodass bei Einkreuzungen zur Vergrößerung des Genpools immer noch mindestens 50 Prozent Rexwürfe zu Stande kommen.

FARBSCHLÄGE

Alle Fellfarben und -muster, einschließlich Abzeichen (Points), Sepia und Mink

ROT-TABBY UND WEISS

SCHWARZ UND WEISS

SILBER-SCHATTIERT

Selkirk-Kopf
Während man bei anderen Rexrassen das »östliche« Erscheinungsbild bevorzugt, legt man bei der Selkirk Wert auf »westliches« Aussehen. Dazu gehören das rundliche Gesicht mit den vollen Wangen, die runden Augen und die kurze Schnauze.

SELKIRK REX 183

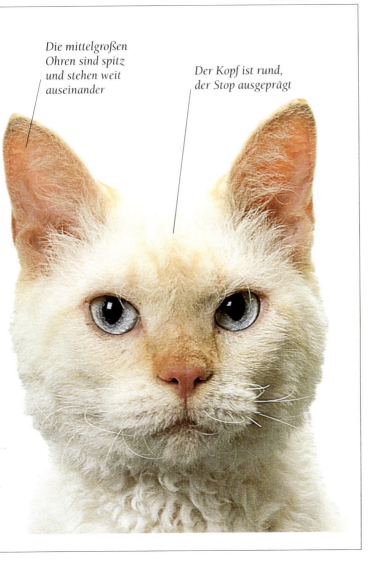

Die mittelgroßen Ohren sind spitz und stehen weit auseinander

Der Kopf ist rund, der Stop ausgeprägt

Auf einen Blick

Entstehungszeit 1987

Ursprungsland USA

Vorfahren Tierheimkatze, Perser, Exotisch, Britisch und Amerikanisch Kurzhaar

Einkreuzungen Perser, Exotisch, Britisch und Amerikanisch Kurzhaar

Synonyme Keine

Gewicht 3–5 kg

Wesen Freundlich, geduldig

Schwarz-Smoke
Wie bei anderen Rexrassen sehen auch bei der Selkirk Rex die Smoke- und die schattierten Farben bezaubernd aus. Die Einkreuzungen von Rassekatzen bringt einer Neuzüchtung wie der Selkirk viele Vorteile, da alle Erfahrungen jahrzehntelanger Zuchtbemühungen einfließen. Dies wird beispielsweise durch Merkmale wie die prägnanten kupferfarbenen Augen deutlich. Ausgereifte Merkmale kommen also bei dieser Katze schnell zum Tragen.

Geschichte der Rasse Neue Mutationen treten immer wieder auf, und wenn genügend Interesse besteht, werden neue Rassen daraus entwickelt. Die Selkirk Rex ist so ein Fall: 1987 kam in einem Tierheim in For Pet's Sake (Montana, USA) eine Calico-Kätzin auf die Welt. Die Kleine, eines von sieben Jungen, hatte als einziges lockiges Fell und lockige Schnurrhaare. Der Züchter Jeri Newman, der das Kätzchen zu sich nahm, nannte es Miss DePesto of NoFace. Das Tier wurde zur Zucht eingesetzt und der erste Wurf brachte sechs Junge, drei davon trugen lockiges Fell. Dies signalisierte, dass das Gen für das lockige Fell dominant ist. Man nimmt an, dass die Mutation bei Pest selbst stattfand. Weitere Verpaarungen, eine davon mit ihrem Sohn, zeigten, dass sie rezessive Gene für langes Haar und Points besaß. Jeri nannte die Rasse nach dem nahe gelegenen Gebirgszug Selkirk Mountains. Von der TICA ist die Rasse anerkannt worden.

SELKIRK REX 185

*Die rundlichen
Augen stehen
weit auseinander*

*Das recht dicke
Fell ist mittellang
und leicht gelockt*

*Der mittelstark
gebaute Körper
ist gut bemuskelt*

SCOTTISH FOLD

Unverwechselbar ist diese Rasse mit ihren Faltohren, die sie einem dominanten Gen, das eine unterschiedlich starke Faltung bewirkt, verdankt. Die erste Faltohrkatze hatte nach heutiger Einteilung eine einfache Faltung, bei der die Ohren sich nach vorne neigten. Heutige Ausstellungskatzen haben eine dreifache enge Faltung. Noch immer sind Katzen mit Stehohren zur Zucht gesunder Faltohrkatzen nötig. Die Rasse ist sehr freundlich und ihr etwas zurückhaltendes Wesen passt gut zu ihrer unaufdringlichen Erscheinung.

Kopf der Scottish Fold
Die Ohren müssen wie eine Kappe flach am Kopf anliegen. Als ideal werden kleine, eng gefaltete Ohren angesehen. Die Katze sollte einen lieben Gesichtsausdruck haben.

Gefaltete Ohren mit gerundeten Spitzen

Die Augen sind groß und rund

SCOTTISH FOLD 187

Braungestromt
Die Katzen kommen bereits mit ihren Faltohren zur Welt. Der Grad der Faltung zeigt sich jedoch erst einige Zeit später. Das durch den homozygoten Erbgang bedingte anormale Knochenwachstum ist erst nach der Geschlechtsreife zu erkennen.

FARBSCHLÄGE

Alle Fellfarben und -muster, einschließlich Abzeichen, Sepia und Mink.

Mittelgroßer, stämmiger Körper mit elastischer Wirbelsäule

GESCHICHTE DER RASSE Faltohren kommen bei Katzen nur selten vor. Susie, die Urahnin der Faltohrkatzen, war eine Bauernkatze aus Tayside, Schottland. Eines ihrer weiblichen Jungen nahm der Schäfer William Ross zu sich und nannte es Snooks. Nach der Verpaarung mit einer Britisch Kurzhaar (*S. 164*) gebar Snooks den weißen Faltohrkater Snowball, der auf lokalen Ausstellungen gezeigt wurde. 1971 schickte Mary Ross einige Faltohrkatzen an den Genetiker Neil Todd nach Newtonville, Massachusetts, USA. Dort setzte man die Zucht mit Britisch und Amerikanisch Kurzhaar (*S. 190*) fort. In den USA wurde die Rasse (1994) anerkannt, nicht jedoch in Europa, da man hier deformierte homozygote Tiere nicht akzeptiert.

AUF EINEN BLICK

ENTSTEHUNGSZEIT 1961

URSPRUNGSLAND Schottland

VORFAHREN Bauernkatze, Britisch und Amerikanisch Kurzhaar

EINKREUZUNGEN Britisch und Amerikanisch Kurzhaar

SYNONYME Keine

GEWICHT 2,5–6 kg

WESEN Sanft, freundlich und selbstbewusst

Blau-Schildpatt-Tabby und Weiß
Bei der Bewertung von Ausstellungstieren spielt der Körperbau eine sehr wichtige Rolle. Unerwünscht sind Verkürzungen oder Versteifungen des Schwanzes, da dies auf Anomalien im Knochenwachstum zurückzuführen ist. Der Standard verlangt gesunde und ausgewogen proportionierte Tiere mit gut gefalteten Ohren.

Der Schwanz sollte lang sein und sich verjüngen

SCOTTISH FOLD 189

Rundlicher Kopf mit breiter, kurzer Nase

Das Fell ist kurz und dicht

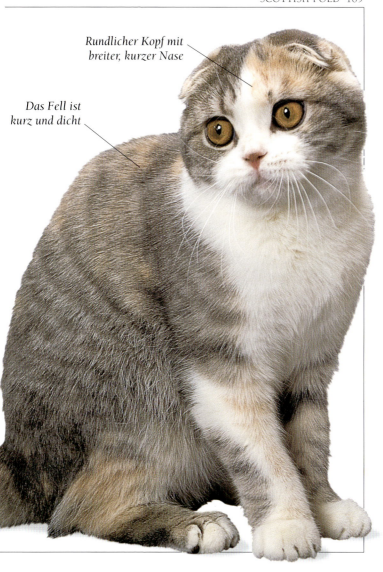

190 KURZHAARKATZEN

AMERIKANISCH KURZHAAR

Diese genügsame Rasse ist in den USA sehr beliebt – als Haus- und Ausstellungskatze. Die Tiere dieser Rasse können recht groß werden. Ihr vollwangiges Gesicht und der gut bemuskelte Körper strahlen Kraft aus. Die Rasse zeigt noch viele Merkmale einer ganz gewöhnlichen Hauskatze, aber die Züchter versuchen zielstrebig, Tiere mit den besten dieser Merkmale zu entwickeln.

Der große Kopf ist etwas länger als breit

AMERIKANISCH KURZHAAR 191

Farbschläge

Einfarbig und Schildpatt
Schwarz, Rot, Blau, Creme, Weiß,
Schildpatt, Blau-Creme
*Alle anderen einfarbigen
und Schildpattfarben*

Smoke
Schwarz, Cameo, Blau,
Schildpatt, Blau-Creme
*Alle anderen einfarbigen und
Schildpattfarben, außer Weiß*

Schattiert und Tipping
Wie bei Einfarbig und Schildpatt
*Alle anderen einfarbigen und
Schildpattfarben, außer Weiß*

Tabby (gestromt und getigert)
Braun, Rot, Blau, Creme,
Braungefleckt, Blaugefleckt
*Getupft, Ticking und alle anderen
einfarbigen und Schildpattfarben*

Tabby-Zweifarbig
Alle Tabbyfarben mit Weiß

Tabby-Schattiert
Fellfarben und -muster wie
bei Standardtabbys

Zweifarbig (Standard und Van)
Alle einfarbigen und Schildpattfarben, außer Weiß

**Zweifarbig (Smoke, Schattiert
und Tipping)**
Schwarz-Smoke, Cameo-Smoke,
Blau-Smoke, Schildpatt-Smoke,
Cameo-Schattiert, Shell-Cameo
mit Weiß
*Alle anderen Smoke-, schattierten und
Tipping-Farben mit Weiß*

Silber-Tabby-Zweifarbig
Silber-Tabby, Cameo-Tabby,
Silbergefleckter Tabby mit Weiß
*Alle anderen Silber-Tabbyfarben
mit Weiß*

*Kurzes, dichtes Fell
mit harter Textur*

Braungestromt (Jungtiere)
*Die CFA erkennt nur gestromte und
getigerte Tabbys an, während die TICA
auch getupfte und Tabbys mit Ticking
akzeptiert. Die eingewanderten
Vorfahren der Amerikanisch Kurzhaar
besaßen überwiegend gestromtes Fell.*

192 KURZHAARKATZEN

Auf einen Blick

Entstehungszeit 20. Jh.

Ursprungsland USA

Vorfahren Hauskatzen

Einkreuzungen Keine

Synonym In den USA früher Domestic Shorthair

Gewicht 3,5–7 kg

Wesen Freundlich, gelassen und selbstbewusst

Der stämmige Körper ist gut bemuskelt

AMERIKANISCH KURZHAAR 193

Die großen, runden Augen sind leicht schräg gestellt

Silber-Tabby
Dieser Farbschlag mit der tiefschwarzen Musterung auf sterlingssilberfarbenem Grund ist sehr beliebt. 1965 wurde ein Silber-Tabby in den USA zur Katze des Jahres ernannt. Früher hieß die Rasse in den USA Domestic Shorthair, heute American Shorthair.

Die mittellangen Beine sind sehr muskulös

Schwarz-Smoke
Buster Brown, ein schwarzer Smoke-Straßenkater, wurde 1904 als erstes Tier in das Zuchtbuch der Rasse eingetragen.

Goldene Augen sind erwünscht

Blau-Creme
Schildpatt kommt fast nur bei weiblichen Tieren vor. Die Kätzinnen wiegen deutlich weniger als die Kater und ihr Gesicht wirkt nicht so schwer. Der Standard fordert eine klare Schildpattzeichnung, die nicht von andersfarbigen Haaren durchsetzt ist.

Der mittellange Schwanz ist an der Basis dick

GESCHICHTE DER RASSE Mit den ersten Siedlern kamen Hauskatzen nach Nordamerika. Die neue Umgebung formte einen Katzentyp mit einem dicken, dichten Fell, das vor Feuchtigkeit und Kälte schützte. Zudem wurde die Katze deutlich größer, da ihr zahlreiche natürliche Feinde das Leben schwer machten. Anfang des 20. Jahrhunderts beschlossen amerikanische Züchter, die hervorragenden Eigenschaften ihrer Hauskatzen in einer Rasse festzuhalten. Der erste Wurf – 1904 geboren – stammte aus der Verpaarung einer Britisch Kurzhaar mit einer Amerikanisch Kurzhaar. Ihren Namen erhielt die Rasse 1965.

AMERIKANISCH KURZHAAR 195

Leicht konkave Nase

Der Hals ist mittellang und muskulös

Schildpatt und Weiß
Dieses Fellmuster nennt man in Nordamerika Calico. Der Name, der schon auf den frühen Katzenausstellungen verwendet wurde, kam zu Stande, weil das Fellmuster an die »wilden« Muster der Kalikostoffe erinnerte.

AMERICAN WIREHAIR

Schon auf den ersten Blick fällt das Fell dieser Katze auf. Streichelt man das Tier, spürt man, was anders ist. Sein Haarkleid fühlt sich wie ein Astrachan-Hut an. Das einzelne Haar ist dünner als normal und gekräuselt, gekrümmt oder gebogen, dadurch entsteht der Eindruck von Drahthaar (Wirehair). Bei der Geburt vorhandenes gekräuseltes Haar glättet sich möglicherweise zu sanften Wellen. Kaum drahtig erscheinendes Jugendfell kann sich im ersten Lebensjahr zu dem bei dieser Rasse so geschätzten dichten »drahtigen« Fell entwickeln. Im Zusammenleben mit Menschen zeigt sich die American Wirehair gelassen und freundlich. Sie lässt sich gern hochnehmen und liebt ausgiebiges Streicheln.

FARBSCHLÄGE

EINFARBIG UND SCHILDPATT
Schwarz, Rot, Blau, Creme, Weiß (mit blauen, goldenen oder verschiedenfarbigen Augen), Schildpatt, Blau-Schildpatt.
Alle anderen einfarbigen und Schildpattfarben

SMOKE
Schwarz, Rot, Blau
Alle anderen einfarbigen und Schildpattfarben, außer Weiß

SCHATTIERT UND TIPPING
Silberschattiert, Schattiert-Cameo, Chinchilla-Silber, Shell-Cameo
Alle anderen einfarbigen und Schildpattfarben

TABBYS (GESTROMT, GETIGERT)
Braun, Rot, Blau, Creme
Alle einfarbigen und Schildpattfarben

ZWEIFARBIG
Einfarbige und Schildpattfarben mit Weiß
Alle Farben und Muster mit Weiß

BRAUN-TABBY

BLAU

WEISS

SCHATTIERTE TABBYS
Silber, Cameo
Alle anderen Tabbyfarben

AMERICAN WIREHAIR 197

Rotgestromt und Weiß
Das erste Wirehair-Katerchen war rot und weiß. Die CFA verlangt für alle Farben, ausgenommen Silber, leuchtend goldene Augen, während die TICA die Augenfarbe nicht von der Fellfarbe abhängig macht.

Das mittellange Fell ist dicht und elastisch

198 KURZHAARKATZEN

Rundlicher Kopf mit hohen Backenknochen

Rundlicher Rumpf mit geradem Rücken

AMERICAN WIREHAIR 199

GESCHICHTE DER RASSE Die Rasse ging aus einem kleinen Kater hervor, der 1966 in New York mit »drahtigem« Fell geboren wurde. Zusammen mit seiner Schwester, die normales Fell hatte, kam er zu der Züchterin Joan O'Shea. Als sich zeigte, dass diese Mutation dominant war, wurde die Rasse durch Kreuzungen mit der Amerikanisch Kurzhaar entwickelt. Bereits 1967 entstand der Rassestandard.

AUF EINEN BLICK

ENTSTEHUNGSZEIT 1966

URSPRUNGSLAND USA

VORFAHREN Bauernkatzen, Amerikanisch Kurzhaar

EINKREUZUNGEN Amerikanisch Kurzhaar

SYNONYME Keine

GEWICHT 3,5–7 kg

WESEN Aktiv, freundlich, dem Menschen zugewendet, manchmal ein bisschen eigensinnig

Die Schwanzspitze ist gerundet

Mittellange, stämmige Beine mit rundlichen, kompakten Pfoten

Schwarz-Smoke und Weiß

Zweifarbige Smoke-Katzen zeigen weichere Kontraste als Zweifarbige mit einheitlichen Farben. Das drahtige Fell der Wirehair lässt das Weiß des Unterfells durchscheinen, was bei anderen Katzen nur geschieht, wenn sie sich bewegen.

200 KURZHAARKATZEN

AMERICAN CURL

Von dieser eleganten Rasse gibt es eine langhaarige und eine kurzhaarige Form, die später erzüchtet wurde. Die ursprünglichen Curls (S. 70) waren langhaarig. Viele kurzhaarige Curls tragen latent ein Langhaargen und werfen langhaarige Junge. Beim Rassemerkmal, den Kräuselohren, unterscheidet man drei Gruppen: 1. Katzen, deren Ohren nur nach hinten stehen, sind reine Hauskatzen. 2. Tiere mit erkennbar gekräuselten Ohren werden zur Zucht verwendet. 3. Ausstellungstiere mit standardgemäßen Kräuselohren.

FARBSCHLÄGE

EINFARBIG UND SCHILDPATT
Schwarz, Chocolate, Rot, Blau, Lilac, Creme, Weiß, Schildpatt, Blau-Creme
Alle anderen einfarbigen und Schildpattfarben

SMOKE
Wie zuvor, außer Weiß, zusätzlich Chocolate-Schildpatt
Alle anderen einfarbigen und Schildpattfarben

SCHATTIERT UND TIPPING
Silberschattiert, Goldenschattiert, Schattiert-Cameo, Schattiert-Schildpatt, Chinchilla-Silber, Chinchilla-Golden, Shell-Cameo, Shell-Schildpatt
Alle anderen einfarbigen und Schildpattfarben

TABBYS (MEHRERE MUSTER)
Braun, Rot, Blau, Creme
Alle anderen Farben

Das weiche Fell liegt dicht an und hat wenig Unterwolle

Der Schwanz ist so lang wie der Rumpf, er ist an der Wurzel breit und verjüngt zur Spitze hin

AMERICAN CURL 201

Auf einen Blick

Entstehungszeit 1981

Ursprungsland USA

Vorfahren Amerikanische Hauskatzen

Einkreuzungen Keine

Synonyme Keine

Gewicht 3–5 kg

Wesen Sanft und anhänglich, braucht viel Zuwendung

Der Körper ist mäßig bemuskelt

Silbergetickter Tabby
Der Standard verlangt eine klare Streifung im Gesicht, an den Beinen und am Schwanz. Die TICA akzeptiert diese ungewöhnliche Zeichnung, die CFA nicht. (Derartige Streifen sind bei diesem Fellmuster sonst nicht üblich.)

FARBSCHLÄGE

**SILBER-TABBYS
(GESTROMT, GETIGERT)**
Silber, Chocolate-Silber, Cameo,
Blau-Silber, Lavender-Silber,
Creme-Silber, Silbergefleckt
*Alle anderen Standard-Tabbyfarben,
getupft und Ticking*

ZWEIFARBIG (GESTROMT UND VAN)
Schwarz, Rot, Blau, Creme und
Weiß, Calico, Calico verdünnt
Alle anderen Farben mit Weiß

ZWEIFARBIGE TABBYS
Wie Standard-Tabbys

**EINFARBIG UND
SCHILDPATTABZEICHEN**
Seal, Chocolate, Flame, Blau,
Lilac, Creme, Schildpatt,
Chocolate-Schildpatt, Blau-Creme,
Lilac-Creme
*Alle anderen Farben, Sepia und
Mink*

LYNX-(TABBY-)ABZEICHEN
Wie zuvor, außer Rot
*Alle anderen Farben, Sepia und
Mink*

Entwicklung der Ohren

Alle American Curls kommen mit geraden Ohren zur Welt. Zwischen dem zweiten und zehnten Lebenstag beginnen sich die Ohrspitzen zu krümmen, sie strecken sich dann wieder und krümmen (oder kräuseln) sich erneut. Im Alter von vier Monaten sind die Ohren »fixiert«.

GESCHICHTE DER RASSE Auslöser der Rasseentwicklung war Shulamith, eine schwarze, langhaarige Straßenkatze mit »Kräuselohren«. Diese Mutation erwies sich als dominant, denn die Hälfte von Shulamiths Nachwuchs kam mit solchen Ohren auf die Welt. Man setzte ein Zuchtprogramm in Gang, aus dem später auch die kurzhaarige American Curl hervorging. Alle Curls, ob kurz- oder langhaarig, stammen von dieser einen Mutter und deren Nachwuchs ab. Der Ausstellungsstandard der Kurzhaar-Curl weicht nur beim Punkt Fell von dem der langhaarigen Curl ab.

AMERICAN CURL 203

Die Ohren krümmen sich in sanftem Bogen um 90 Grad

MUNCHKIN

Um die Kleinwüchsigkeit dieser kurzbeinigen Katze entbrannte heftige Kontroversen. Die Rasse, von der es eine langhaarige (*S. 74*) und eine kurzhaarige Form gibt, wurde gründlichen medizinischen Untersuchungen unterzogen. Dies hindert aber viele Züchter nicht daran, die Munchkin immer noch als »nicht kätzisch« zu betrachten. Das verspielte Wesen dieser Rasse ist zwar unbestritten katzenhaft, doch man kann nicht leugen, dass ihre Anatomie weit von der einer normalen Katze entfernt ist. Wer jedoch eine echte Schmusekatze mag, wird die Munchkin mögen.

FARBSCHLÄGE

Alle Farben und Fellmuster, auch Abzeichen, Sepia und Mink

ROT-GESTROMT	SCHILDPATT UND WEISS	SCHWARZ

MUNCHKIN 205

Braungetupfter Tabby

Farben und Fellmuster spielen im Standard
eine große Rolle. Die Hälfte der Bewertungs-
punkte wird für den Körperbau angesetzt.
Mit ihren im Verhältnis zum Körper zu kurzen
Gliedmaßen wirkt die erwachsene Munchkin
immer noch wie ein Kätzchen. Darin liegt
wohl auch ihr Reiz.

Der Kopf ist fast dreieckig, die Nase mittellang

Der dicke Hals ist gut bemuskelt

Die gut bemuskelten Beine sind kurz, aber nicht missgestaltet

Die runden Pfoten sind kompakt und zeigen nach außen

Auf einen Blick

Entstehungszeit 1980er Jahre
Ursprungsland USA
Vorfahren Hauskatzen
Einkreuzungen Hauskatzen
Synonyme Keine
Gewicht 2,5–4 kg
Wesen Anhänglich, verschmust und neugierig

Rotgetupfter Tabby

Gang und Bewegungen der Munchkin erinnern an ein Eichhörnchen. So setzt sie sich auch gern auf die Hinterbeine und hält die Vorderpfoten vor den Körper. Auf viele Menschen wirkt diese Pose drollig und komisch.

MUNCHKIN 207

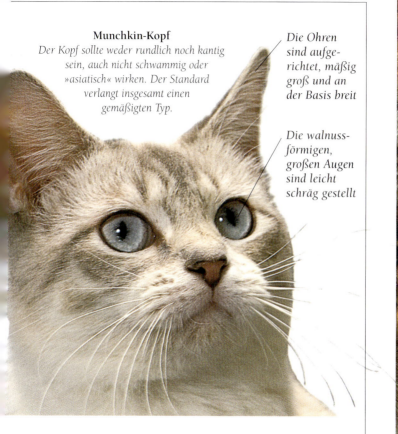

Munchkin-Kopf
Der Kopf sollte weder rundlich noch kantig sein, auch nicht schwammig oder »asiatisch« wirken. Der Standard verlangt insgesamt einen gemäßigten Typ.

Die Ohren sind aufgerichtet, mäßig groß und an der Basis breit

Die walnussförmigen, großen Augen sind leicht schräg gestellt

GESCHICHTE DER RASSE Die Munchkin wird seit den 1980er Jahren in Nordamerika gezüchtet. Nach intensiven Gesundheitstests wurde die Rasse 1995 von TICA anerkannt. Einige Züchter bemühen sich darum, Rex- und Curl-Munchkins zu erzüchten, aber diese Programme finden wenig Anklang und die Ergebnisse sind bisher nicht anerkannt worden.

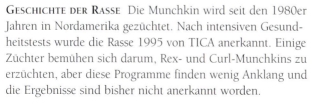

SNOWSHOE

Ihren hübschen weißen, rassetypischen Handschuhen verdankt die »Schneeschuhkatze« ihren Namen. Die Rasse vereint die Abzeichen der Siam (S. 280) mit weißen Partien. »Mitted« (behandschuht) nennt sich das Fellmuster mit begrenztem Weiß. Bei den zweifarbigen Snowshoes erscheint mehr Weiß auf Gesicht und Körper. Die weißen Handschuhe dürften von den Amerikanisch-Kurzhaar-Vorfahren (S. 190) stammen. Vielleicht ist es doch ein »Siam-Erbe« – wie ihre »Gesprächigkeit«. Wie die Siam schmust die gesellige Snowshoe gern und sie »redet« viel, aber mit sehr sanfter Stimme.

AUF EINEN BLICK

ENTSTEHUNGSZEIT 1960er Jahre

URSPRUNGSLAND USA

VORFAHREN Siam, Amerikanisch Kurzhaar

EINKREUZUNGEN Einfarbig eumelanistische Siam, traditionell eumelanistische ein- und zweifarbige Amerikanisch Kurzhaar

SYNONYM Schneeschuhkatze

GEWICHT 2,5–5,5 kg

WESEN Aktiv, anhänglich, verschmust, »redselig«

Der mitteldicke Schwanz verjüngt sich leicht

Zweifarbig-Seal (Jungtier)
Maximal zwei Drittel der Körperoberfläche dürfen weiß sein. Der Körper sollte Farbe zeigen und zur Unterseite hin fein schattiert sein. Unerwünscht: isolierte weiße Flecken

SNOWSHOE 209

FARBSCHLÄGE

MITTED
Seal, Chocolate, Blau, Lilac

ZWEIFARBIG
Alle Mitted-Farben mit Weiß

Der Kopf hat eine verfeinerte Keilform mit leichtem Stop

Der halbschlanke, mäßig große Körper ist mäßig bemuskelt

210 KURZHAARKATZEN

Mittelgroße Ohren

Snowshoe-Gesicht
Tiere mit einem umgedrehten »V« in Weiß im Gesicht zählen zum Farbschlag Mitted, alle anderen gelten als zweifarbig. Ob es sich um ein gutes oder unzulängliches Exemplar des jeweiligen Farbschlags handelt, beurteilt man anhand des Weißanteils auf dem Körper.

GESCHICHTE DER RASSE In den 1960er Jahren begann die Züchterin Dorothy Hinds-Daugherty aus Philadelphia, ihre Siamkatzen mit Amerikanisch Kurzhaar zu kreuzen. Das Ergebnis stieß bei vielen Siamzüchtern auf Ablehnung, weil diese befürchteten, die mühsam weggezüchtete weiße Fleckung (ein »schlimmer Siamfehler«) würde sich wieder in Siamblutlinien einschleichen. Und man wollte die einzigartige Siamzeichnung nie und nimmer einer anderen Rasse zugestehen (heute ist das anders). Die Snowshoe blieb weitgehend unbekannt, bis sie in den 1980er Jahren von der TICA anerkannt wurde, andere große Zuchtverbände sind ihr bisher nicht gefolgt. Die Rasse ist zwar beliebt, aber immer noch selten.

Mitted-Blau

Mitted ist das klassische Muster der Snowshoe. Optimal ausgeprägt ist es, wenn das Weiß an den Vorderpfoten am Fußgelenk und an den Hinterpfoten unterhalb des Sprunggelenks endet. Nicht mehr als ein Drittel der Körperoberfläche darf weiß sein. Und das typische »V« im Gesicht ist natürlich erlaubt.

Das kurze, weiche Fell hat wenig Unterwolle, ist glatt und liegt eng an

Europäisch Kurzhaar

Dem Namen nach müsste diese Katze in ganz Europa verbreitet oder zumindest bekannt sein. Ihre Gegenstücke, die Amerikanisch (*S. 190*) und Britisch Kurzhaar (*S. 164*), sind jedoch weitaus populärer. Die Europäisch Kurzhaar ist weniger gedrungen gebaut als die Britisch Kurzhaar, von der sie abstammt. Ihre Wangen sind etwas schwerer und der Kopf ist ein wenig länger. Mutig, kräftig und mit einem Fell für jedes Wetter ausgerüstet, liebt sie Streifzüge durch die nähere Nachbarschaft ihres Zuhauses. Im Zusammenleben mit Menschen zeigt die Europäisch Kurzhaar ihren ruhigen, zärtlichen Charakter. Insgesamt ist die Rasse souverän und nicht besonders lautfreudig.

Farbschläge

Einfarbig und Schildpatt
Schwarz, Blau, Rot, Creme, Schildpatt, Blau-Schildpatt, Weiß (mit blauen, verschiedenfarbigen und orangefarbenen Augen)

Smoke
Farben wie zuvor, außer Weiß

Tabby (gestromt, getigert, getupft)
Braun, Blau, Rot, Creme, Schildpatt, Blau-Schildpatt

Silber-Tabby (gestromt, getigert, getupft)
Farben wie bei Standard-Tabby

Zweifarbig (Standard und Van)
Alle einfarbigen und Schildpattfarben mit Weiß
Smoke, Tipping, Tabbyfarben mit Weiß

Braun-Tabby

Blau-Creme und Weiss

Seal-Point

EUROPÄISCH KURZHAAR 213

Blue-Point
Wie die Britisch Kurzhaar (S. 280) trägt die Europäisch Kurzhaar das Abzeichenmuster der Siam (S. 280). Die Schattierung ist allerdings viel deutlicher ausgeprägt und dunkelt mit zunehmendem Alter nach.

Muskulöser Hals

Der mittelgroße bis große Körper ist gut bemuskelt, aber nicht gedrungen

Mittelgroße, aufrecht stehende Ohren mit gerundeten Spitzen

Cremeschattierter Cameo-Tabby
Das Inhibitorgen bewirkt nicht immer eine silbrige Farbe. Manchmal erhält das Unterfell einen Cremeton. Solche Tabbys zählen zu den schattierten und nicht zu den Silber-Tabbys. Das gewünschte »kühle« Creme erscheint wärmer als das Rot beim Farbschlag Rot-Silber

GESCHICHTE DER RASSE Bis 1982 hatten die Europäisch und die Britisch Kurzhaar einen gemeinsamen Standard. Danach erkannte die FIFé die Katze als eigene Rasse an. Es war damals bereits eine »fertige« Rasse, mit kompletter Farbpalette, festgelegtem Typ und einer bekannten Zuchtgeschichte. Das regte die Züchter aber nicht an, sie vermehrt zu züchten, vermutlich, weil sie der Britisch und Amerikanisch Kurzhaar sehr ähnelt. Die Rasse wird sehr sorgfältig gezüchtet, Kreuzungen mit der Britisch Kurzhaar sind nicht erlaubt. Die Britisch Kurzhaar wird weder von der GCCF noch von anderen wichtigen Zuchtverbänden außerhalb Europas anerkannt.

EUROPÄISCH KURZHAAR 215

Getigerter Tabby Schwarz-Silber
Die Europäisch Kurzhaar wird in den traditionellen Tabbymustern gezüchtet (gestromt, getigert und getupft). Ticking wird bei dieser Rasse nicht anerkannt. Die Zeichnung soll symmetrisch erscheinen.

Die großen, runden Augen stehen weit auseinander und passen farblich zum Fell

Das kurze, Fell ist sehr dicht und steht leicht vom Körper ab

216 KURZHAARKATZEN

Getigerter Tabby Rot-Silber
*Das rein weiße, schimmernde
Unterfell der Silber-Tabbys verleiht
dem Rot einen kühlen Ton.*

Auf einen Blick

ENTSTEHUNGSZEIT 1982

URSPRUNGSLAND Kontinentaleuropa

VORFAHREN Hauskatzen, Britisch Kurzhaar

EINKREUZUNGEN Keine

SYNONYME Keine

GEWICHT 3,5–7 kg

WESEN Intelligent, anhänglich, aber nicht aufdringlich

*Halblanger, sich
verjüngender
Schwanz mit
gerundeter Spitze*

EUROPÄISCH KURZHAAR 217

Schildpatt-Smoke
Die schwarzen, roten und cremefarbenen Flecken sollen bei diesem Farbschlag markant abgegrenzt sein. Die Farben wirken insgesamt etwas verwässert, weil das Fell leicht vom Körper absteht und daher das weiße Unterfell sehr deutlich zum Vorschein kommt.

Der dreieckige Kopf ist gerundet, die Wangen sind kräftig

218 KURZHAARKATZEN

KARTÄUSER

Souverän und gelassen beobachtet diese große, kräftige Katze gern und ausdauernd ihre Umgebung. Trubel schätzt sie nicht besonders. Sie ist recht schweigsam und lässt nur selten ihr hohes Miauen und ein eigenartiges Zirpen hören. Ihre kurzen Beine, der kompakte Körperbau und das dichte, eng anliegende Fell verschleiern die tatsächliche Größe dieser sich spät entwickelnden Katze. Sie ist eine gute Jägerin, kämpft aber nicht gern und zieht sich lieber zurück. Für die Namensgebung wenden die Züchter ein faszinierendes System an: Für jedes Jahr steht ein Buchstabe (außer K, Q, W, X, Y und Z), alle 1997 geborenen Katzen tragen Namen mit dem Anfangsbuchstaben N.

Blauer Kater
Bei der Kartäuser sind die Kater um einiges größer und schwerer als die Kätzinnen. Der Körperbau darf aber nie plump wirken. Im Alter werden die Wangen voller, so dass der Kopf mit diesen »Pausbacken« noch breiter wirkt.

FARBSCHLAG

EINFARBIG
Blau

Der Schwanz ist an der Wurzel dick und verjüngt sich

Die Ohren sind hoch angesetzt

Kartäuserkätzchen

Kartäuser sind Spätentwickler. Es kann bis zu zwei Jahre dauern, bis sie voll entwickelt und erwachsen sind. Bis dahin darf ihr Fell feiner und seidiger sein. Bei Jungtieren leuchten die Augen noch nicht so intensiv wie bei erwachsenen Tieren. Im Alter verliert die Augenfarbe an Leuchtkraft und verblasst.

Der robuste Körper ist gut bemuskelt

Breiter Kopf mit echt hoher Stirn

Die großen, runden Augen sind golden oder kupferfarben

AUF EINEN BLICK

ENTSTEHUNGSZEIT Vor dem 18. Jahrhundert
URSPRUNGSLAND Frankreich
VORFAHREN Hauskatzen
EINKREUZUNGEN Keine
SYNONYME Keine
GEWICHT 3–7,5 kg
WESEN Freundlich, aufmerksam und gelassen

Kartäuser-Kopf

Die kräftigen, vollen Wangen verhindern, dass der breite Kopf kugelrund wirkt. Die »gepolsterten« Schnurrhaarkissen verleihen der verhältnismäßig spitzen Schnauze Fülle. Der Gesichtsausdruck sollte freundlich sein, im Idealfall »lächelt« die Katze.

222 KURZHAARKATZEN

GESCHICHTE DER RASSE Die Vorfahren der Kartäuser stammen vermutlich aus Syrien und sind mit dem Schiff nach Frankreich gelangt. Um 1700 bezeichnete der Naturforscher Buffon die Rasse als »Katze Frankreichs« und gab ihr den wissenschaftlichen Namen, *Felis catus coeruleus*. Nach dem Zweiten Weltkrieg war die Rasse fast verschwunden. Sie wurde wieder belebt, indem man die wenigen verbliebenen Tiere mit Perser Blau (*S. 16*) und Britisch Blau (*S. 168*) kreuzte. In den 1970er Jahren kam die Rasse nach Nordamerika. In dieser Zeit fasste die FIFé die Kartäuser und die Britisch Blau unter dem Namen Kartäuser zusammen. Inzwischen werden die Rassen aber wieder getrennt geführt.

Die kurzen Beine sind stämmig, aber nicht dick

KARTÄUSER 223

Das Fell ist gleichmäßig blaugrau und ohne jegliche Schattierung

Körperbau
Der Körper der Kartäuser soll weder gedrungen noch schlank wirken. Wegen ihrer recht kurzen, feingliedrigen Beine wird die Katze manchmal als »Kartoffel auf Streichhölzern« bezeichnet. Die heutige Kartäuser gleicht noch sehr ihren Vorfahren, da sich der Standard eng an die historische Beschreibung der Rasse hält.

Der Hals ist kurz und kräftig

Die runden Pfoten sind im Verhältnis zum Körper klein

RUSSISCH KURZHAAR

Die etwas zurückhaltende und würdevolle Katze reagiert empfindlich auf Veränderungen in ihrer Umgebung. Fremden begegnet sie sehr reserviert. Die markantesten äußeren Merkmale sind ihr dickes, glänzendes Fell und ihre smaragdgrünen Augen. Das doppellagige Fell ist dicht und und weich. Es fühlt sich einzigartig an und gilt als das eindeutigste Kennzeichen der Russisch Kurzhaar. Die rassetypische Augenfarbe ist neueren Datums, denn die ersten Russisch-Blau-Katzen, die im Westen, 1871 auf einer Ausstellung im Crystal Palace in England, gezeigt wurden, hatten gelbe Augen. Erst ab 1933 verlangte der Standard als Augenfarbe ein »möglichst lebhaftes Grün«. Die Rasse ist freundlich und friedlich und gilt als ideale Wohnungskatze.

AUF EINEN BLICK

ENTSTEHUNGSZEIT Vor dem 18. Jahrhundert

URSPRUNGSLAND Eventuell der russische Hafen Archangelsk

VORFAHREN Hauskatzen

EINKREUZUNGEN Keine

SYNONYME Archangel Cat, Foreign Blue, Maltese Cat, Spanish Blue, Russian Shorthair

GEWICHT 3–5,5 kg

WESEN Reserviert und vorsichtig

Russisch Blau
Die Russisch Blau ist für viele die originale und die einzige Vertreterin der Rasse. Ihr gleichmäßig blaues Fell schimmert silbrig. Viele Züchter behaupten, dass übermäßiges Bürsten die Leuchtkraft des silbrigen Schimmers verringern würde.

RUSSISCH KURZHAAR 225

Der Abstand von
den Ohren bis
zu den Augen ist
größer als der
von den Augen
zur Nase

Die großen,
mandelförmigen
Augen stehen
weit auseinander

Der Körper ist
gut bemuskelt
und wirkt
weder plump
noch schwer

Die langen Beine
sind nicht zierlich

226 KURZHAARKATZEN

GESCHICHTE DER RASSE Die Legende erzählt, dass die Russisch Blau von Schiffskatzen abstammt, die im 19. Jahrhundert vom russischen Hafen Archangelsk nach Großbritannien gelangten. Harrison Weir erwähnt die Russisch Blau 1893 in seinem Katzenbuch. Von 1917 (Beginn der Russischen Revolution) bis 1948 hieß die Katze in England Foreign Blue (Fremde Blaue). Die moderne Russisch Blau trägt Erbanlagen der Britisch Blau (S. 168) und sogar der Siam Blue-Point (S. 281) – eine Folge der schwedischen und britischen Versuche in den 1950er Jahren, die Rasse wieder zu beleben. In Neuseeland und Europa gezüchtete schwarze und weiße Varianten werden in Großbritannien anerkannt, aber nicht bei der FIFé oder in Nordamerika.

Der mäßig lange, dicke Schwanz läuft in einer gerundeten Spitze aus

Russisch Schwarz

Lange Zeit gab es nur den Farbschlag Russisch Blau, da die verdünnte Farbe rezessiv ist und niemals andere Farben maskiert. Die neueren schwarzen und weißen Varianten sind sehr umstritten, ebenso die Neuzüchtung Blue-Point. Die blauen Abzeichen leiten sich von den früheren Siameinkreuzungen her.

FARBSCHLÄGE

EINFARBIG
Schwarz, Blau, Weiß

Das doppellagige Fell verfügt über eine sehr dichte Unterwolle

Havanna Braun

Diese elegante, geschmeidige Katze steckt voller Temperament und treibt gern Schabernack. Nichts macht ihr mehr Spaß als plötzlich aus einem Versteck zu springen und die Leute zu erschrecken. Auch ihre Kletterkünste führt sie gern vor. Die Rasse hat denselben Ursprung wie die Orientalisch Kurzhaar (*S. 292*), ähnelt aber sehr der Russisch Blau (*S. 224*). Obwohl die Havannakatze recht klein ist, steht sie auf ziemlich hohen Beinen. Das Fell der Jungtiere weist Tabby-Geisterzeichnungen auf. Diese verschwinden mit zunehmendem Alter und machen dem schönen gleichmäßigen Tiefbraun Platz, das einen leichten Mahagonistich hat.

Der mittellange Schwanz ist mittelmäßig dick

FARBSCHLÄGE

EINFARBIG
Chocolate, *Lilac*

Chocolate
Dieser Farbton wird unterschiedlich definiert. Bei der Havanna Braun beschreibt man ihn als ein warmes zum Rotbraun tendierendes Braun. Ein Sable-Fell (Zobeltyp) wird als schwerer Fehler gewertet.

230 KURZHAARKATZEN

Havanna-Kopf
Der lange Kopf mündet in einer schlanken Schnauze, die direkt hinter den Schnurrhaarkissen eine Einbuchtung (Pinch) hat. Durch das kräftige Kinn wirkt die Schnauze fast viereckig.

GESCHICHTE DER RASSE Während der 1950er entwickelten britische Züchter einen Siamtyp in einfarbig Chocolate. Man nannte die Farbe Havana (Havanna), registrierte die Rasse in Großbritannien aber als Chestnut Brown Foreign. Aus den Havannakatzen, die in die USA exportiert wurden, ging die Zuchtlinie Quinn's Brown Satin of Sidlo hervor, die heute in allen nordamerikanischen Zuchtlinien der Havanna Braun steckt. Chestnut Brown Foreigns wurden weiterhin in die USA eingeführt und als Havana Brown registriert, bis die CFA die Orientalisch Kurzhaar 1973 anerkannte. Seither werden die Importe als Chestnut Oriental Shorthair registriert. Verwirrend ist, dass der Farbschlag Chestnut der Orientalisch Kurzhaar in Großbritannien als Havana bezeichnet wird.

HAVANNA BRAUN 231

Auf einen Blick

Entstehungszeit 1950er

Ursprungsland Großbritannien und USA

Vorfahren Chocolate-Point-Siam, Russisch Blau

Einkreuzungen Keine

Synonym Havannakatze

Gewicht 2,5–4,5 kg

Wesen Sanft, anhänglich und meist sehr verschmust

Lilac
Die Farbe beruht auf dem rezessiven Verdünnungsfaktor, der durch die Einkreuzung der Russisch Blau auf die Havanna Braun übertragen wurde.

Der Körper ist mittellang

ABESSINIER

Die fast durchscheinende Fellzeichnung verdankt diese Rasse einem einzigen Gen, das man erstmals bei der Abessinier entdeckte. Dieses Gen verleiht jedem Haar eine gleichmäßige Hell-Dunkel-Bänderung (Ticking), wodurch das reizvolle Fellmuster entsteht. Die Ohren der Abessinier tragen manchmal Haarbüschel wie ein Wüstenluchs, was zu dem auffälligen Erscheinungsbild beiträgt. Diese Katze ist ein anspruchsvoller Hausgenosse. Sie fordert unentwegt Aufmerksamkeit, Streicheleinheiten und immer neue Spiele. Ihre Kletterfreude scheint unübertroffen, sie erklimmt alles, was nur möglich ist, Vorhänge, Regale, Schränke, Menschen oder, wenn sie ins Freie darf, Zäune und Bäume. Abessinier können an einer erblichen Form des Netzhautschwunds leiden, einer Erblindung, die bei Hunden häufiger auftritt.

FARBSCHLÄGE

TABBY (MIT TICKING)
Ruddy (Rötlich), Rot, Blau, Fawn
Chocolate, geschlechtsgebundenes Rot, Lilac, Creme, Chocolate-Schildpatt, Cinnamon-Schildpatt, Blau-Schildpatt, Lilac-Schildpatt, Fawn-Schildpatt

SILBER-TABBYS (MIT TICKING)
Farben wie zuvor

CREME · CHOCOLATE

Der sich verjüngende Schwanz ist genauso lang wie der Rumpf

ABESSINIER 233

Lilac (Jungtier)

Lilac wurde in den 1970er Jahren durch die Einkreuzung von Asian-Katzen erzüchtet. Die Farbe ist eine Verdünnung von Chocolate. Sie wird von konservativ ausgerichteten Zuchtverbänden nicht anerkannt.

Die Augen tragen eine »Brille« aus hellerem Haar

Ruddy (Rötlich) oder Wildfarben

Diese Farbe ist die historische Abessinierfarbe. Bei anderen Tabbymustern bezeichnet man sie als braun. Da die Farbe anfangs der Fellfärbung eines Wildkaninchens glich, nannte man die Abbesinier eine Zeit lang auch Hasen- oder Kaninchenkatze. In Frankreich heißt sie immer noch »lièvre« (Hase). Doch die Auswahlzucht auf Rufismus erbrachte inzwischen eine wärme, rötliche Grundfarbe.

Abessinier-Kopf

Das Gesicht (unten links) ist keilförmig mit leicht eingebuchteter Nase (unten rechts). Die mandelförmigen Augen sind grün, haselnussbraun oder bernsteinfarben.

Große, schalenförmige Ohren mit Ohrbüschel

Auf einen Blick

Entstehungszeit 1860er Jahre

Ursprungsland Äthiopien

Vorfahren Äthiopische Haus- und Straßenkatzen

Einkreuzungen Keine

Synonyme Aby, Abyssinian, Nubierin; Farbbezeichnungen international uneinheitlich

Gewicht 4–7,5 kg

Wesen Aufmerksam, braucht sehr viel Zuwendung

Blauer Kater
Die hafermehlfarbene Unterseite hebt sich bei dieser Verdünnung der Wildfarbe gut von dem warmtonigen blaugrauen Ticking des übrigen Fells ab. Die Pfoten sind wie bei den wildfarbenen Katzen (Ruddy) dunkel.

Die schlanken, eleganten Beine sind mäßig lang

236 KURZHAARKATZEN

Fawn (Jungtier)
Bei dieser Farbe handelt es sich um verdünntes Sorrel. Früher bezeichnete man sie als Creme, sie besitzt aber weniger Leuchtkraft als das echte geschlechtsgebundene Creme. Einige Verbände erkennen nur Fawn an, in Großbritannien sind auch echte Rot- und Cremeschläge zugelassen.

Das eng anliegende Fell ist fein, aber nicht weich

Rot oder Sorrel
Früher registrierte man diesen Farbschlag nur unter Rot, heute steht er in manchen Ländern unter Sorrel (Rotbraun). Es handelt sich hier nicht um das echte geschlechtsgebundene Rot, sondern um ein rezessives Hellbraun (bei anderen Rassen meist Cinnamon genannt).

ABESSINIER 237

GESCHICHTE DER RASSE Das Ticking (Bänderung) der Abessinier ist eine perfekte Tarnung in ihrem sonnenverbrannten Lebensraum in Nordafrika. Die Begründer der Rasse gelangten 1868 nach dem Abessinischen Krieg von Abessinien (heute Äthiopien) nach Großbritannien. Diese ersten Abessinier ähnelten sehr den Katzen auf altägyptischen Darstellungen. Es ist anzunehmen, dass die Mutation mit dem Ticking bereits vor Tausenden von Jahren erfolgte. Die 1882 anerkannte Rasse war im frühen 20. Jahrhundert fast ausgestorben, in den 1930er Jahren erholte sie sich wieder und ist heute etabliert. Die Standards weichen international voneinander ab. Europäische Abessinier sind eher schlank und die Farbpalette ist größer.

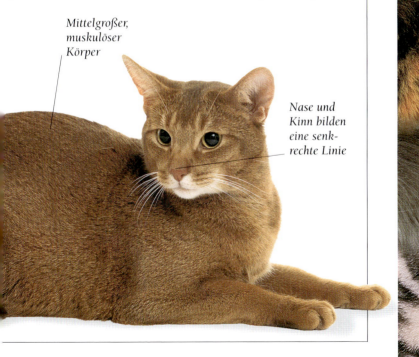

Mittelgroßer, muskulöser Körper

Nase und Kinn bilden eine senkrechte Linie

SPOTTED MIST

Dies ist die erste Rasse, die vollständig in Australien entwickelt wurde. Der Standard legt größten Wert auf ein verspieltes, sanftes Wesen, jegliche Aggressivität wird als schwerer Fehler angesehen. Die Spotted Mist (»getupfter Nebel«) ähnelt etwas den Asian-Tabbys mit Ticking (S. 260). Ihr Erscheinungsbild ist rundum gemäßigt: mittlere Größe, schlank, aber nicht zu schlank, kurzes, aber nicht eng anliegendes Fell. Die feine Zeichnung mit dem dezenten Ticking wirkt tatsächlich »nebelhaft« und gab der Rasse ihren Namen. Die Rasse wird in sechs Farben anerkannt. Die volle Ausfärbung dauert bis zu einem Jahr; bei manchen Farbschlägen sind die zarten Tupfen kaum zu erkennen.

Golden
Die goldene Tönung stammt von den Abessiniervorfahren und ist genetisch gesehen Cinnamon (Zimt). Die Mischung von Erbfaktoren hat der Spotted Mist ein Fell mit goldener und bronzefarbener Zeichnung auf cremefarbenem Grund verliehen.

Der mittelgroße Körper ist mäßig bemuskelt

FARBSCHLÄGE

TABBY (GETUPFT MIT TICKING)
Blau, Braun, Chocolate,
Golden, Lilac,
Peach (pfirsischfarben)

Die tiefgoldenen, mandelförmigen Augen sind leicht schräg gestellt

Die mittellangen Beine sind weder stämmig noch sehr schlank

Mittellanger Schwanz mit gerundeter Spitze

GESCHICHTE DER RASSE Das Zuchtprogramm für die dem Menschen stark zugewendete Wohnungskatze mit Burma-Figur und getupftem Tabbyfell hat Dr. Truda Steade in Neu-Südwales (Australien) entwickelt. Die Burma steuerte den Körperbau, das gesellige, anhängliche Wesen und vier der sechs Farben bei. Die Abessinier ergänzte zwei weitere Farben, das Ticking und die Lebhaftigkeit. Hauskatzen lieferten die Tupfen und die Tendenz zu früher Geschlechtsreife. Im Januar 1980 kamen die ersten Tabbykätzchen zur Welt: halb Burma, ein Viertel-Abessinier und ein Viertel Hauskatze. In Australien ist die Spotted Mist eine anerkannte Rasse, anderswo ist sie sehr selten und weitgehend unbekannt.

Das kurze, weiche Fell steht leicht vom Körper ab

AUF EINEN BLICK

ENTSTEHUNGSZEIT 1975

URSPRUNGSLAND Australien

VORFAHREN Abessinier, Burma, Hauskatzen

EINKREUZUNGEN Keine

SYNONYME Keine

GEWICHT 3,5–6 kg

WESEN Lebhaft, ausgeglichen, braucht viel Gesellschaft und Zuwendung von Menschen

241

Die mittelgroßen Ohren mit gerundeten Spitzen stehen aufrecht oder leicht auswärts gedreht

Gerundeter keilförmiger Kopf mit weichen Konturen

Peach
Die lachsfarbene Zeichnung auf warmtonigem rosacremefarbenem Grund lässt die Katze fast pinkfarben erscheinen. Die Basis für den Farbschlag Peach (pfirsichfarben) bildet ein verdünntes Cinnamon.

SINGAPURA

Diese friedliche und zurückhaltende Katze gehört zu den kleineren Katzenrassen. Eine Singapura erkennt man gut an der einzigen anerkannten Fellfarbe: Tabby mit Tickings in Sepia. Wesens- und Körpermerkmale dieser Rasse sollen das Ergebnis einer natürlichen Auslese sein. Streunende Straßenkatzen haben in Singapur eine größere Chance, ihre Jungen aufzuziehen, wenn sie nicht auffallen. Demzufolge überleben Tiere, die nicht allzu groß sind, über eine leise Stimme verfügen und ein zurückhaltendes Wesen an den Tag legen am ehesten. Daher glauben einige Fachleute, dass die streunenden Katzen Singapurs zur Entstehung der Rasse beigetragen haben, aber nicht deren alleinige Vorfahren sind. Aufgrund genetischer Unterschiede oder dank besserer Ernährung sind westliche Straßenkatzen größer als die in Singapur lebenden.

AUF EINEN BLICK

ENTSTEHUNGSZEIT 1975

URSPRUNGSLAND Singapur und USA

VORFAHREN Umstritten

EINKREUZUNGEN Keine

SYNONYME Keine

GEWICHT 2–4 kg

WESEN Anhänglich, aber introvertiert, zurückhaltend bis fast scheu

Singapura-Jungtier
Im Verhältnis zur noch geringen Körpergröße ist das Fell bei Jungtieren recht lang. Und das Ticking ist erst schwach ausgeprägt. Deutlich sichtbar ist jedoch schon die typische »Gepardenlinie«, die beidseitig vom inneren Augenwinkel zum Schnurrhaarkissen verläuft.

FARBSCHLAG

TABBY MIT TICKING
Sepia-Agouti

Die mandelförmigen, schwarz umrandeten Augen sind Haselnussbraun, grün oder gelb

Gerundeter Kopf mit gerader Nase und breiter, stumpfer Schnauze

Das kurze, eng anliegende Fell ist mindestens zweifach gebändert

244 KURZHAARKATZEN

Die breiten, tief gewölbten Ohren sind leicht auswärts gedreht

GESCHICHTE DER RASSE Der Rassename Singapura ist das malayische Wort für Singapur. Von dieser Stadt aus brachten Hal und Tommy Meadows die Katzen 1975 in die USA. Alle heute registrierten Singapuras basieren auf dem Zuchtprogramm der Meadows. 1988 erhielt die Rasse erstmals den Championship-Status. Inzwischen ist die Rasse auch in Europa vertreten, wird aber weder von der FIFé noch vom GCCF anerkannt, da ihr Ursprung noch immer heftig umstritten ist. Tommy Meadows züchtete auch Abessinier (S. 232) und Burma (S. 262). Und man behauptet, er habe aus diesen Rassen die Singapura erzüchtet. Es gibt weniger als 2000 Singapuras. Nach Meinung von Experten kann die ausgeübte geschlossene Zucht schädlich für die Rasse sein.

Der Körper ist mittellang und muskulös

Sepia-Agouti
Die Singapura wird nur in dieser Farbe gezüchtet. Genetisch ist es ein Sable (Zobel)-Tabbymuster mit Ticking – es vereint das Burma-Allel mit der Abessinier-Tabbyzeichnung.

Feine Querstreifen auf der Innenseite der kräftigen Beine sind erlaubt

Kleine, ovale Pfoten mit braunen Ballen und einer dunklen Behaarung zwischen den Zehen

KORAT

Mit ihrem mittelgroßen, mittelschweren Körper und dem silberblauen Fell ähnelt die Korat in Größe und Farbe der Russisch Blau (*S. 224*). Im Unterschied zu dieser ist die Korat fester bemuskelt, hat ein einfaches Fell und peridotgrüne Augen. Ihre großen hervortretenden Augen verleihen ihr den Ausdruck eines Unschuldslämmchens. Die Katze spielt sehr gern und lässt sich bis zu einem gewissen Grad erziehen. Doch die an sich liebenswerte Korat hat es in sich, sie kann besitzergreifend sein, eigenwillig und ziemlich stur. Sie ist gern für sich, aber nur, wenn sie es selbst gerade will. Und sie grollt ohne Vorwarnung. Neuromuskuläre Störungen, die man GM 1 und GM 2 nennt und durch Bluttests nachweisen kann, kommen bei Korats vor, sind aber selten.

GESCHICHTE DER RASSE In den »Katzenbuch-Gedichten« aus der Ayutthaya-Zeit (1350–1767) Thailands wird eine silberblaue Si-Sawat aus Korat, einem entlegenen Hochplateau im Nordosten des Landes, beschrieben. Die erste Korat im Westen könnte in den 1880er Jahren als einfarbige blaue Siam (*S. 280*) in englischen Ausstellungen aufgetaucht sein. Mrs. Jean Johnson brachte 1959 die ersten modernen Korats in die USA; sie wurden 1965 anerkannt. 1972 wurde des erste Paar nach Großbritannien eingeführt und die Rasse wurde dort 1975 anerkannt. Sie ist überall selten.

FARBSCHLAG

EINFARBIG
Blau

KORAT 247

Blau

Blau ist die einzige zugelassene Farbe. In Europa sind einige Katzen mit der Farbe Lilac erzüchtet worden. Man wird sie jedoch wahrscheinlich nicht anerkennen. Wie bei den meisten Katzen, die aus warmem Klima stammen, ist das einfache, silbrig glänzende blaue Fell der Korat kurz und fast ohne Unterwolle, da eine Wärmeisolierung nicht nötig ist.

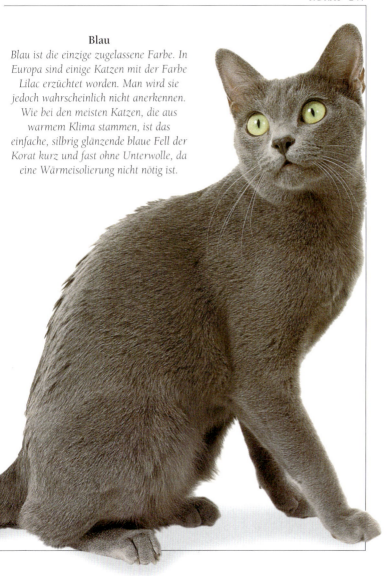

Großer Kopf mit flacher Stirn und gerundeter Schnauze

Die runden Augen leuchten und sind weit geöffnet

Korat-Kopf

Durch ihre übergroßen Augen und das herzförmige, weich konturierte Gesicht wirkt die Korat freundlicher als ihre siamesischen Verwandten, denen sie im Charakter gleicht.

AUF EINEN BLICK

ENTSTEHUNGSZEIT Vor dem 18. Jahrhundert

URSPRUNGSLAND Thailand

VORFAHREN Hauskatzen

EINKREUZUNGEN Keine

SYNONYM Si-Sawat

GEWICHT 2,5–5 kg

WESEN Verspielt, lernfähig, aber eigensinnig

Die Pfoten sind oval und kompakt

KORAT 249

Große Ohren mit gerundeten Spitzen

Korat-Jungtier
Bei Jungtieren sind die Haarspitzen noch nicht silbern gefärbt (Tipping) und die Augen leuchten nur wenig. Es kann zwei Jahre dauern, bis diese Merkmale ausgebildet sind.

Der kräftige Körper ist mäßig gedrungen

BOMBAY

Die Katze mit dem pechschwarzen, glänzenden Fell verfügt über eine angenehme, unverwechselbare Stimme und schließt sich eng dem Menschen an. Als wärmeliebende Katze bevorzugt sie mollige Plätze und liegt daher gern im warmen Schoß eines Menschen. Um Glanz und Struktur des Fells voll zu erhalten, reicht ein Abreiben mit einem Ledertuch oder mit der Hand. Die Brillanz der Kupferfarbe der Augen, die der Standard vorschreibt, ist schwer zu erzielen. Die Farbe verblasst mit dem Alter oder schlägt in Grün um. Obwohl die Würfe der Bombay groß sind, ist die Rasse außerhalb Nordamerikas selten.

Bombay-Jungtier
*Bis die Farbe und die Textur des Fells
ausgereift sind, dauert es zwei Jahre.
Im Standard wird dies berücksichtigt.*

BOMBAY 251

An der Basis breite Ohren mit gerundeten Spitzen

Die großen, runden Augen stehen weit auseinander

Gerundeter Kopf mit kurzer bis mittellanger Schnauze

FARBSCHLÄGE

Einfarbig
Schwarz, *Sable* (Zobel)

Bombay-Kopf
Heute erinnert das Aussehen des Kopfes stärker als ursprünglich an den Kopf der Amerikanisch Kurzhaar. Wahrscheinlich hat man diese Tendenz bewusst verstärkt, da bei der Bombay Kopfdeformationen wie bei der Burma aufgetreten waren.

252 KURZHAARKATZEN

Schwarz
Ihren Typ hat die pechschwarze Bombay von der Burma geerbt und die gleichmäßige Augenfarbe stammt von der Amerikanisch Kurzhaar. Da das von der Burma ererbte Gen für Sepiaabzeichen rezessiv ist, tauchen manchmal Sable-(Zobel-)Nachkommen auf.

Der mittelgroße Körper ist nicht übermäßig gedrungen, aber erstaunlich schwer

Der Schwanz ist mittellang und mitteldick

BOMBAY

GESCHICHTE DER RASSE In den 1950er Jahren begann die Züchterin Nikki Horner aus Kentucky (USA) aus schwarzen Amerikanisch Kurzhaarkatzen und zobelfarbenen Burmas einen »schwarzen Mini-Panther« zu züchten. Zehn Jahre später führte sie die Bombay vor – eine Katze mit glänzendem, schwarzem Fell, muskulösem Körper, rundem Kopf und kupferfarbenen Augen. Die Rasse wurde erstmals 1976 anerkannt und dann weiterentwickelt. Heute sieht die Bombay nicht mehr wie eine »schwarze Burma« aus (sandfarbene Junge mit Sepiaabzeichen kommen noch vor).

Das anliegende Fell besitzt eine satinähnliche Textur

Die Beine sind mittellang und stämmig

AUF EINEN BLICK

ENTSTEHUNGSZEIT 1960er Jahre

URSPRUNGSLAND USA

VORFAHREN Schwarze Amerikanisch Kurzhaar und Sable-Burma

EINKREUZUNGEN Keine

SYNONYME Keine

GEWICHT 2,5–5 kg

WESEN Aufgeweckt und neugierig

254 KURZHAARKATZEN

ASIAN-RASSENGRUPPE

Die Asians – Schattiert, Smoke, Einfarbig, Tabby und Tiffanie (*S. 116*) – haben alle im Wesentlichen denselben Ursprung. Und doch unterscheiden sich die Zuchtlinien so stark voneinander, dass man sie nicht als einzelne Rasse (die ja verschiedene Fellfarben- und muster umfasst), sondern als Rassengruppe einstuft. Der Standard der Asians war der erste, in dem Punkte auch für Wesenseigenschaften in das Bewertungssystem aufgenommen wurde.

Lilac-Silber-Schattiert

Schattierte Asians, meist Burmillas genannt, kommen auch mit Tipping (Haarspitzenfärbung) vor. Das Tipping sollte so ausgeprägt sein, dass das Fell nicht weiß erscheint. Die Tabby-zeichnungen beschränken sich auf das Gesicht, die Beine und den Schwanz und auf die durchbrochenen »Halsbänder«.

Die Schattierung variiert zwischen mittelstark und Tipping

FARBSCHLÄGE

BURMILLA ODER SCHATTIERT (EINFARBIG, SEPIA)
Schwarz, Chocolate, Rot, Blau, Lilac, Creme, Caramel, Apricot, Schildpatt, Chocolate-Schildpatt, Blau-Schildpatt, Lilac-Schildpatt, Caramel-Schildpatt

SILBER-SCHATTIERT
Farben und Zeichnungen wie zuvor

SMOKE (EINFARBIG, SEPIA)
Schwarz, Chocolate, Rot, Blau, Lilac, Creme, Caramel, Apricot, Schildpatt, Chocolate-Schildpatt, Blau-Schildpatt, Lilac-Schildpatte, Caramel-Schildpatt

EINFARBIG
Bombay, Chocolate, Rot, Blau, Lilac, Creme, Caramel, Apricot, Schildpatt, Chocolate-Schildpatt, Blau-Schildpatt, Lilac-Schildpatt, Caramel-Schildpatt, Sepia

TABBY (ALLE ZEICHNUNGN IN EINFARBIG UND SEPIA)
Braun, Chocolate, Rot, Blau, Lilac, Creme, Caramel, Apricot, Schildpatt, Chocolate-Schildpatt, Blau-Schildpatt, Lilac-Schildpatt, Caramel-Schildpatt

SILBER-TABBYS
Farben und Zeichnungen wie bei Standard-Tabbys

Braun-Silber-Schattiert

Masakara nennt man die auffällige dunkle Augen-umrandung der Burmillas. Auch der Nasenspiegel ist dunkel gesäumt. Diese beiden Merkmale lassen die Katzen wie »frisch geschminkt« erscheinen.

GESCHICHTE DER RASSE Aus einer nicht gewollten Paarung zwischen Burma und Perser Chinchilla entstanden in London 1981 attraktive silberschattierte Kätzchen. Dieser Wurf zeigte den Burmatyp und bildete den Ausgangspunkt eines Zuchtprogramms, das eine Rückzüchtung auf Burmas vorsah. In Großbritannien und Europa wurden Burma-Chinchilla-Kreuzungen vorgenommen: Rückkreuzungen helfen noch immer, die genetische Basis zu verbreitern. Die Burmilla wurde 1989 vom GCCF und 1994 von der FIFé anerkannt.

Chocolate-Smoke
Smoke-Asians sind zwar genetisch Nicht-Agouti-Katzen, sie sollten aber dennoch eine Geisterzeichnung zeigen, die das Fell wie Seidenmoiré wirken lässt. Auf der Stirn sitzt ein silbriges »M«.

Schwarz-Smoke
Sepia-Smoke und Schwarz-Smoke sind manchmal schwer zu unterscheiden, weil die Haare bei der Smoke in den »Abzeichen«-Bereichen durchweg dunkler gefärbt sind. Würden Schwarz-Smoke-Katzen Sepia-Points tragen, erschienen diese in einem tiefen Schwarzbraun.

Das feine Fell ist kurz und liegt dicht an

Der mittellange bis lange Schwanz verjüngt sich zur abgerundeten Spitze hin

258 KURZHAARKATZEN

Der Kopf ist oben leicht gerundet

Auf einen Blick

Entstehungszeit 1981

Ursprungsland Großbritannien

Vorfahren Burma, Chinchillas, rasselose Katzen

Einkreuzungen Burma, Chinchilla mit Einschränkungen

Synonyme Smokekatzen nannte man früher auch Burmoires

Gewicht 4–7 kg

Wesen Gelassen und freundlich

ASIAN-RASSENGRUPPE 259

Bombay

Mit ihrem charakteristischen glatten, schwarzen Fell gehört die Bombay zu den ursprünglichen einfarbigen Asians. Diesen Farbschlag darf man nicht mit der gleichnamigen Rasse verwechseln (S. 250). Im Typ ähnelt die Britische Bombay der Europäischen Burma (S. 184).

Die mittelgroßen bis großen Ohren stehen weit auseinander und leicht auswärts gedreht

Mittellange Beine mit ovalen Pfoten

Schwarz-Schildpatt

Wie bei der Burma sind auch bei Schildpatt-Asians gemischte oder deutlich abgesetzte Farben erlaubt, ebenso wie Blessen. Schwanz und Beine dürfen einheitlich gefärbt sein. Bei der Schwarz-Schildpatt sind goldfarbene und grüne Augen gestattet.

Schwarzgetickt

Tabbymuster mit Ticking sind im Standardfell und in der Silberserie zugelassen (für alle Asian-Farben). Unerwünscht sind durchgehende »Halsbänder«. Verlangt werden Tabbyzeichnungen auf Beinen und Schwanz. Die Farbintensität darf bei Silber-Tabbys schwächer sein, jedes Haar muss aber mindestens zweifach dunkel gebändert sein. Die Körperunterseite sollte heller als das übrige Fell, jedoch farblich zu diesem passen.

Die Pfoten sind oval

ASIAN-RASSENGRUPPE 261

Blaues Tabbykätzchen mit Ticking

Der Standard schreibt ein Mittel- bis Dunkelblau vor. Das Blau ist also nicht so hell wie bei anderen Rassen. Die dunklere Tönung schafft einen guten Kontrast bei den Tabbyfarben. Ticking (Bänderung) kommt am häufigsten bei Asian-Tabby vor.

Das »Halsband« muss durchbrochen sein

Ausgeprägte Tabbymuster an den Beinen

AMERIKANISCHE BURMA

Diese Katze mit den weit geöffneten großen Augen und dem eleganten seidigen Fell genießt die Gesellschaft von Menschen. Sie ist weniger fordernd und »redet« nicht so viel wie andere orientalische Rassen. Der Standard der Amerikanischen Burma legt Wert auf runde Formen, besonders beim Kopf. Das extrem runde »moderne« Aussehen entstammt Züchtungen der 1970er Jahre. Leider existiert seither auch eine erbliche Deformierung des Schädels, die häufig tödlich ist oder das Einschläfern erfordert. Bis in die 1980er Jahre wurde nur die Farbe Sable allgemein anerkannt. Andere Farben waren in den Zuchtprogrammen schon früh aufgetaucht, wurden aber von der CFA als Mandalays eingestuft. Die TICA akzeptiert eine wesentlich größere Farbpalette.

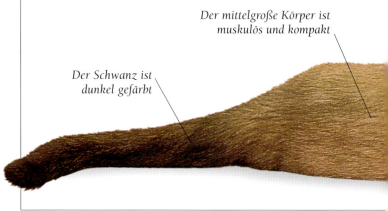

Der mittelgroße Körper ist muskulös und kompakt

Der Schwanz ist dunkel gefärbt

AMERIKANISCHE BURMA 263

FARBSCHLÄGE

SEPIA
Sable, Champagne, Blau, Platin
Alle anderen einfarbigen und Schildpattfarben

SABLE-SCHILDPATT

ROT

CARAMEL

CINNAMON

Champagne
Die CFA stellt diesen Farbschlag in die »verdünnte« Kategorie. Es ist aber ein Braun, dass im Allgemeinen eigentlich als Chocolate bezeichnet wird. Die dunkle Tönung der Maske lässt sich bei diesem Farbschlag nicht vermeiden. Die Grundfarbe ist ein warmtoniges, gleichmäßiges, an Honig erinnerndes Braun.

Der Kopf mit den vollen Wangen ist gefällig gerundet

Die runden Augen sind goldfarben

264 KURZHAARKATZEN

GESCHICHTE DER RASSE Alles begann mit Wong Mau, einer braunen Kätzin aus Rangun in Burma (jetzt Myanmar), die der Marinepsychiater Joseph Thompson 1930 in die USA mitbrachte. Sie wurde die Begründerin einer Rasse, der sie gar nicht angehörte. Thompson verpaarte Wong Mau mit einer Siam (S. 280), der Rasse, die Mau am ähnlichsten sah, und züchtete die Jungen auf Wong Mau zurück. Drei Typen entstanden: Siamabzeichen; Dunkelbraun mit wenigen Abzeichen (die erste echte Burma) und eine dunkle Farbe mit dunkleren Abzeichen (wie bei Wong Mau). Mau selbst war eine Burma-Siam-Kreuzung und eine natürliche Tonkinese (S. 274).

Die Spitzen sind der Ohren abgerundet

Die Ohren sind nach vorne gedreht

Blau
Das Blau, die Verdünnung von Sable, wirkt bei der Amerikanischen Burma nicht so kühl wie bei vielen anderen Rassen. Verlangt werden Beigetöne, während bei der Europäischen Burma Silbertöne erforderlich sind.

AMERIKANISCHE BURMA 265

Sable
Das war der erste und lange Zeit der einzige Farbschlag der Burma. Anerkannt wurde er in den 1930er Jahren. Verlangt wird eine durchgehend einfarbige Katze, die genetisch bedingte Maske soll kaum wahrnehmbar sein.

ochenbau und
nge der Beine
sind mäßig

Der Schwanz
ist mittellang

Frost oder Platin
Diese Farbe heißt bei anderen Rassen Lilac oder Lavender, bezieht sich nur auf die Burma und unterscheidet sich in mehreren Punkten: Das Blau mit seiner blassbeigen Abtönung ist wärmer, die Schattierung ist heller, was in dem »metallischen« Namen zum Ausdruck kommt. Dieser Name wird heute seltener verwendet als früher.

Das kurze, feine Fell besitzt eine satinartige Textur und einen hell schimmernden Glanz

Der mittellange Körper ist muskulös und kompakt

AMERIKANISCHE BURMA 267

*Die mittelgroßen
Ohren stehen weit
auseinander*

*Die Schnauze mit
dem rundlichen Kinn
ist kurz und breit*

Burma-Kopf

*Der »moderne« rundliche Typ (mit
der Kopfdeformierung) hielt sich
lange. 1995 stellte die CFA drei
Spitzenkandidaten vor, die den
weniger rundlichen »traditionellen«
Typ aufwiesen und den Defekt nicht
in sich trugen.*

Auf einen Blick

Entstehungszeit 1930er Jahre

Ursprungsland Burma
(heute Myanmar)

Vorfahren Tempelkatzen,
Siamkreuzungen

Einkreuzungen Keine

Synonyme Einige Farben nannte
man früher Mandalay

Gewicht 3,5–6,5 kg

Wesen Freundlich, gelassen, dem
Menschen zugewendet, aber nicht
aufdringlich

EUROPÄISCHE BURMA

Die Burma hat sich beiderseits des Atlantiks zu zwei Varianten, ja fast zu zwei Rassen entwickelt. Während die amerikanische Seite der Familie (S. 262) runde Formen angenommen hat, entschieden sich die europäischen Züchter für eine muskulöse, aber eckigere Gestalt mit keilförmigem Kopf, ovalen Augen und langen Beinen. Für diese »orientalische Tendenz« entschloss man sich auch in Südafrika, Neuseeland und Australien. Es entstanden zehn Farben, mehr als die CFA anerkennt (ohne Cinnamon und Fawn, die von der TICA akzeptiert werden). Unabhängig von Farbe und Form ist die lebhafte, freundliche Burma eine ideale Hausgenossin.

Kurzer Kopf mit stumpfer Keilform

EUROPÄISCHE BURMA 269

Burma-Kopf
Bei dieser Lilac ist die in Europa bevorzugte Kopfform gut zu sehen. Ein klares, leuchtendes Goldgelb ist bei der Augenfarbe sehr begehrt. Vor allem Südafrikanische und australische Burmas zeichnen sich durch diese herrliche Augenfarbe aus.

Blau
Abzeichen werden bei der Burma akzeptiert, die Schattierung muss aber leicht, fein abgestuft und auf den Kopf beschränkt sein. Die Unterseite darf heller sein als das übrige Fell. Für den Farbschlag Blau wird ein deutlich erkennbarer Silberschimmer auf allen Körperrundungen verlangt.

FARBSCHLÄGE

EINFARBIG UND SCHILDPATT
Braun, Chocolate, Rot, Blau, Lilac, Creme, Braun-Schildpatt, Chocolate-Schildpatt, Blau-Schildpatt, Lilac-Schildpatt

CHOCOLATE-SCHILDPATT	CREME
BRAUN	LILAC

Braun-Schildpatt
Ein tiefes Braun mit Rot- und Cremetönen kennzeichnet die Schildpattvariante der Sable. Bei der Burma darf das Schildpattmuster kräftig gefleckt sein, auch Blessen und einfarbige, dunkle oder helle Fellpartien sind gestattet.

Die leicht schräg gestellten Augen stehen weit auseinander

Das kurze, feine Fell liegt eng an

EUROPÄISCHE BURMA 271

Rot
Das Rot soll bei der Burma zu Orange hin tendieren. Eine leichte Fleckigkeit und die Tabbyzeichnungen im Gesicht werden toleriert. Rudimentäre Tabbyzeichnungen lassen sich bei der Burma nicht verschleiern, deshalb sind gute Rote sehr begehrt.

GESCHICHTE DER RASSE Die Europäische Burma stammt von der Amerikanischen Burma ab. Nach dem Zweiten Weltkrieg führte man amerikanische Katzen nach Europa ein. 1952 wurde der braune Farbschlag vom GCCF anerkannt. In Europa bevorzugte man jedoch den »asiatischen Typ«. Außerdem wollte man mehr Farben. Schon in den 1960er Jahren wurde in Europa die Farbe Blau anerkannt, in Nordamerika brauchte man Jahrzehnte dazu. Die Einführung eines roten Gens in den Genpool der Rasse ermöglichte dann die große europäische Palette an Farben. In den 1970er Jahren entstanden Schildpatt-Versionen aller anerkannten Farben. Eine Ergänzung war die Anerkennung von grünen Augen durch die FIFé (1996).

Chocolate
Im Standard wird diese Farbe als »Abtönung von Milchschokolade« beschrieben. Erwünscht ist eine (schwer erreichbare) gleichmäßige Fellfärbung. Der Nasenspiegel entspricht der Fellfarbe, die Pfotenballen sind rosa mit einem Hauch Braun.

Der erstaunlich schwere Körper ist gut bemuskelt

Die Unterseite ist heller als das übrige Fell

Länge der Beine und Körperproportionen sind harmonisch abgestimmt

Lilac-Schildpatt
Diese feine Vermischung der Farben Lilac und Creme wird nicht höher bewertet als eine deutlichere Fleckenbildung, die der FIFÉ-Standard vorschreibt.

EUROPÄISCHE BURMA 273

Auf einen Blick

Entstehungszeit 1930er Jahre

Ursprungsland Burma (heute Myanmar)

Vorfahren Tempelkatzen, Siamkreuzungen

Einkreuzungen Keine

Synonyme Keine

Gewicht 3,5–6,5 kg

Wesen Freundlich, gelassen, dem Menschen zugewendet, aber nicht aufdringlich

TONKANESE

Einige Züchter wollen diese Katze nicht als eigene Rasse anerkennen. Als Kreuzung zwischen Burma (S. 262) und Siam (S. 280) bringt die Tonkanese unweigerlich Junge mit Varianten der Abzeichenmuster beider Ausgangsrassen zur Welt. Das Mink-Muster ist jedoch nicht das einzige Kennzeichen dieser Rasse. Ihre Gestalt, der Typ, ist eine Mischung der Ausgangsrassen, weniger eckig als die eine, aber leichter als die andere. Ihr Wesen zeigt alle Vorzüge der »Orientalen«: freundlich, lebhaft, anhänglich und dem Menschen stark zugewendet, aber nicht aufdringlich. Und ihre Lautfreudigkeit hält sich in angenehmen Grenzen.

FARBSCHLÄGE

EINFARBIG UND SCHILDPATT
Braun, Chocolate, Rot, Blau, Lilac, Creme, Braun-Schildpatt, Chocolate-Schildpatt, Blau-Schildpatt, Lilac-Schildpatt
Cinnamon, Fawn, Abzeichen- und und Sepiamuster

TABBYS (ALLE MUSTER)
Farben wie zuvor

BLAU

BRAUN-TABBY

CHOCOLATE

LILAC-SCHILDPATT

Braun oder Natürlich

Bei der Burma nennt man diese Farbe Sable, bei der Siam Seal. Bei der Tonkanese bezeichnet man sie in Nordamerika als Natürlich und in anderen Ländern heißt dieser Farbschlag einfach Braun. Gewünscht wird überall ein lichtes Braun mit dunkleren Seal-Points. Nasenspiegel und Ballen sollen die Farbe des Fells haben. Der Körper dieser muskulösen, mittelschlanken Katze ist bei der Europäischen Tonkanese etwas eckiger gebaut als bei ihrem transatlantischen, rundlicheren Gegenstück.

TONKANESE 275

Die Ohren mit den ovalen Spitzen sind etwas höher als breit

Die Augen sind blaugrün

Der mittellange bis lange Körper ist muskulös und erstaunlich schwer

Der ausgewogene Schwanz ist so lang wie der Rumpf

Chocolate-Schildpatt
Die Abzeichen sind weniger auffällig, wenn sie mit Schildpatt- oder Tabbymuster überzogen sind. Maske und Beine sollten immer dunkler gefärbt sein als der Körper.

GESCHICHTE DER RASSE Einige Züchter behaupten, dass die »Siam Chocolate« der 1880er Jahre eigentlich eine Siam-Burma-Hybride vom Tonkanesen-Typ war. Die erste dokumentierte Tonkanese im Westen war die Kätzin Wong Mau aus Rangun, die Ahnherrin der Burma (S. 264). Ihre natürlichen Hybridmerkmale züchtete man aber bei ihren Nachkommen heraus. Erst in den 1950er Jahren hat man begonnen, diese Mischung mithilfe eines Zuchtprogramms zu erneuern. Die anfängliche züchterische Arbeit fand in Kanada statt – die Rasse wurde zuerst von der Canadian Cat Association anerkannt. Die Tonkanese wird von allen wichtigen Zuchtverbänden akzeptiert, wobei es allerdings bei den Farben noch Unstimmigkeiten gibt.

TONKANESE 277

Creme

Der Standard verlangt bei dieser Farbe einen »reichen, warmen Ton«, mit einer etwas blasseren Creme-Schattierung. Die Abzeichen dürfen ungleichmäßiger sein als bei anderen Farben. Die Beine sind heller gefärbt als Maske und Schwanz. Da sich bei Creme wie auch bei Rot die Tabby-zeichnungen nicht vollkommen ausschließen lassen, erlaubt man sie in schwacher Form auch bei sonst erstklassigen Katzen.

Die dunkleren Abzeichen gehen sanft in die hellere Körperfarbe über

Das kurze, weiche Fell liegt eng an

278 KURZHAARKATZEN

Der obere Rand der Augen ist oval, der untere gerundet

Rot
Das helle Rot der Körperfarbe geht in die dunkleren Abzeichen über. Eine starke Schattierung der Beine ist nicht nötig. Nasenspiegel, Lippen, Ohren und Ballen dürfen bei roten und cremefarbenen Katzen durchaus leicht gesprenkelt sein, auch bei ausgewachsenen Tieren. Rot und Creme werden in Nordamerika nicht durchgängig akzeptiert.

Schlanke, gut proportionierte, gut bemuskelte Beine mit ovalen Pfoten

Leicht keilförmiger Kopf mit leichter Einbuchtung des Nasenrückens

Lilac

Die Körperfarbe der Lilac ist ein blasses Taubengrau mit einem Anflug von Rosa. Die Abzeichen haben dieselbe Farbe, sind nur dunkler getönt. Jungtiere sind insgesamt heller, doch die Abzeichen sollten sich schon früh ausbilden. Die Augenfarbe variiert zwischen Hellblau und Grün. Den Gelbton wie hier bei dem abgebildeten Tier erlaubt der Standard nicht.

AUF EINEN BLICK

ENTSTEHUNGSZEIT 1960er Jahre

URSPRUNGSLAND USA und Kanada

VORFAHREN Burma und Siam

EINKREUZUNGEN Burma und Siam

SYNONYME Tonkinese, früher auch Golden Siam

GEWICHT 2,5–5,5 kg

WESEN Gesellig, intelligent, verschmust, dem Menschen sehr stark zugewendet, aber nicht aufdringlich

SIAM

Die Siamkatze ist weltweit bekannt und umstritten. Viele der ersten Katzen schielten und hatten einen Knick im Schwanz. Frühe Standards verlangten sogar den »Knickschwanz«. Heute besitzt die Katze ein anderes Erscheinungsbild – Schielen und Knickschwanz sind nur noch selten –, aber der Körperbau der Katze ist noch immer ein Streitpunkt. Die GCCF-Siam hat einen schmalen Körper, lange, schlanke Beine und einen langen Kopf mit schräg stehenden Augen und einer feinen Schnauze. Nordamerikanische Siams zeigen dieses Aussehen in Extremform. Alle Siams »reden« gern viel und laut. Und alle sind ausgesprochen anhänglich.

FARBSCHLÄGE

SIAMABZEICHEN-FARBEN (POINT-FARBEN)
Seal, Chocolate, Blau, Lilac

COLOURPOINT-KURZHAAR-FARBEN (NUR CFA)
Rot, Creme, Schildpatt und Tabby in allen Farben
Cinnamon, Fawn, Smoke, Silber und mehrfarbig

CHOCOLATE-SCHILDPATT   CREME-TABBY

LILAC-SCHILDPATT-TABBY   CHOCOLATE-TABBY

Langer, zugespitzter Schwanz ohne Knick

SIAM 281

Blue-Point

Die blauen Abzeichen lassen sich bis 1903 zurückverfolgen. Das Blau der Siamabzeichen ist heller als das von einfarbig blauen Katzen. Vermutlich gelangte das für Blau zuständige Verdünnungsgen schon mit den Thaikatzen in den Westen und wurde nicht erst nach Ankunft der Katzen in die Zuchtlinien eingeführt.

Der mittelgroße Körper ist lang gestreckt und geschmeidig

Die Farbe der Abzeichen (Points) ist dicht und im gleichen Farbton

Chocolate-Point

Die milchschokoladenfarbenen Abzeichen stehen auf elfenbeinfarbenem Grund. Die Farbe könnte von Anfang an rezessiv vererbt worden sein, sodass dunkle Chocolate-Points vielleicht als schwache Seal-Points gewertet wurden.

GESCHICHTE DER RASSE Die Siam entstand vor 500 Jahren in Asien durch eine Mutation. Diese Mutation könnte weit verbreitet gewesen sein. Im späten 18. Jahrhundert beschrieb der Naturforscher Pallas eine Katze aus Zentralasien mit weißem Körper, deren Ohren, Füße und Schwanz dunkel gefärbt waren. Die in Thailand hoch verehrte Katze tauchte 1871 bei einer britischen Ausstellung auf. Die ehemals einfarbigen Siams werden heute als Orientalisch Kurzhaar (S. 292) geführt. In den 1950er Jahren gab es einen »Siamkatzen-Boom«, der aber mit der Entwicklung des extremen Aussehens nachließ.

SIAM 283

Lilac-Point
1896 wurde eine Ausstellungskatze disqualifiziert, weil sie »nicht ganz blau« war. Vielleicht handelte es sich dabei um eine nicht erkannte Lilac-Point. Der nordamerikanische Standard schreibt einen weißen Körper vor, während in Europa eine leichte Schattierung akzeptiert wird.

Die Ohren verlängern die Kopfkonturen nach außen

Das kurze, feine Fell hat hat keine Unterwolle

Siam-Kopf

Der Kopf, der auf einem sehr schlanken Hals sitzt, sollte zwischen den Ohren breit sein und sich zur Schnauze hin verjüngen. Der Nasenrücken verläuft fast gerade.

Die klar abgegrenzte Maske bedeckt das Gesicht

Die Augen sind mandelförmig

AUF EINEN BLICK

ENTSTEHUNGSZET Vor dem 18. Jahrhundert

URSPRUNGSLAND Thailand

VORFAHREN Hauskatzen und Tempelkatzen

EINKREUZUNGEN Keine

SYNONYM Siamese, Royal Cat of Siam

GEWICHT 2,5–5,5 kg

WESEN Aufgeweckt, anhänglich

Die Hinterbeine sind länger als die Vorderbeine

Seal-Point

Das ist der klassische Farbschlag der Siam und eine Zeit lang der einzige, der anerkannt wurde. Für viele ist die Seal-Point heute noch »die einzig wahre Siam«. Andere Farben existierten zwar, wurden aber als »irgendeine andere Varietät« eingestuft. Genetisch gesehen handelt es sich bei dieser Farbe um Schwarz, das durch die Siamabzeichen (Siam-Points) in ein dunkles Seal umgewandelt wird.

Die schlanken Beine sind im Verhältnis zum Körper sehr gut proportioniert

286 KURZHAARKATZEN

Siam – neuere Farbschläge

Seit den 1960er Jahren sind die ursprünglichen vier Siamfarben (S. 280) um einige neue Farben und Tabbymuster erweitert worden. In Europa fasst man alle Abzeichen tragenden Farbschläge als Siam auf, auch die Orientalisch Kurzhaar mit Points. In Nordamerika folgt die TICA dieser Auffassung, während die CFA nur die eumelanistische Farben Siam nennt und alle anderen als Colourpoint Shorthairs bezeichnet.

Blue-Tortie-Point
Der Farbschlag »Blau-Schildpatt-Abzeichen« beruht auf dem eingeführter Gen für Rot. Die Farben müssen nicht gleichmäßig verteilt sein, aber jedes Abzeichen sollte eine gewisse Intensität ir der Farbmischung aufweisen.

SIAM – NEUERE FARBSCHLÄGE 287

Cream-Point
Umstrittene Einkreuzungen von rot-gestromten Perserkatzen übertrugen in den 1930er Jahren das entsprechende Gen auf die Siam.

288 KURZHAARKATZEN

Der lange Kopf verjüngt sich zu Schnauze hin

Red-Tabby-Point
Tabbyversionen werden inzwischen bei allen Abzeichenfarben akzeptiert. Im Unterschied zu den einfarbigen Abzeichen dürfen bei ihnen die Beine blasser ausfallen, jedoch soll die Schattierung nicht stärker sein und muss dem Tabbymuster entsprechen.

Schlanke, gut proportionierte Beine

SIAM – NEUERE FARBSCHLÄGE

Cinnamon-Point
Das ist einer der jüngsten Farbschläge. Der Körper ist elfenbeinfarben. Die Abzeichen zeigen ein warmes Zimtbraun. Die Beine dürfen etwas blasser gefärbt sein als die übrigen Abzeichen.

Einfarbiges Tipping

Schräg gestellte Augen

Zugespitzte Ohren

Chocolate-Tabby-Point
Tabbyabzeichen kennt man schon seit der Wende vom 19. ins 20. Jahrhundert. Sie wurden aber ignoriert. Ein Wurf von Seal-Tabby-Points, der 1961 in England zur Welt kam, ließ das Interesse erwachen und setzte eine gezielte Zucht in Gang und führte zur Anerkennung des Fellmusters.

Fawn-Point
Die ebenfalls sehr junge Farbe ist eine Verdünnung von Cinnamon. Für die Abzeichen wird eine »rosige Pilzfarbe«, die sich von der Magnolienfarbe des Körpers abhebt, verlangt. Die Beine dürfen blasser sein als die Maske und der Schwanz.

Der Hals ist sehr schlank

Die Vorderbeine sind kürzer als die Hinterbeine

SIAM – NEUERE FARBSCHLÄGE

Das kurze Fell hat keine Unterwolle

Die zierlichen Pfoten sind oval

Lilac-Tabby-Point
Alle Abzeichen sollen Tabbyzeichnungen aufweisen. Diese dürfen sich aber nicht über den Körper erstrecken. Die M-Zeichnung darf sich nur auf die Stirn beschränken und sich nicht über den Kopf ausdehnen. Zu den rosagrauen Points auf magnolienfarbenem Grund passt das Lilac oder Pink von Nasenspiegel und Ballen ausgezeichnet.

Orientalisch Kurzhaar

Wer schon einmal mit dieser Rasse zu tun hatte, wird bestätigen, dass der Schoß des Menschen der absolute Lieblingsplatz einer jeden Orientalisch Kurzhaar ist. Diese aktive, athletische Katze ist ausnehmend gesellig. Wenn eine Katze herzerweichend Flirten kann, dann ist es diese Katze. Die Rasse ist keinesweg zart und anfällig, wie ihr oft nachgesagt wird. In Körperbau und Wesen ist die Orientalisch Kurzhaar eine Siam (*S. 280*), nur mit einfarbigem Fell. Debatten gibt es über die inzwischen aufgetauchten Abzeichen tragenden Tiere. Die meisten Zuchtverbände ordnen sie als Siam ein, die nordamerikanische CFA erlaubt dies nicht.

Farbschläge

Tabbys (alle Fellmuster)
Farben wie Einfarbig und Schildpatt

Smoke, Schattiert und Tipping
Farben wie Einfarbig und Schildpatt, außer Weiß

Einfarbig und Schildpatt
Schwarz, Havana, Cinnamon, Rot, Blau, Lilac, Fawn, Creme, Caramel, Apricot, Foreign White, Schwarz-Schildpatt, Chocolate-Schildpatt, Cinnamon-Schildpatt, Blau- und Lilac-Schildpatt, Fawn- und Caramel-Schildpatt

Silber-Tabbys (alle Fellmuster)
Farben wie bei Standard-Tabbys

Silber-getupft

Blau und Weiss

Chocolate-Schildpatt

Rotgestromt

ORIENTALISCH KURZHAAR 293

Braungetupft (Jungtier)
Die Tupfen sollen rund, klar und gleichmäßig verteilt sein. Diesen Farbschlag der Orientalisch Kurzhaar nannte man früher Mau, daher wurde er häufig mit der Ägyptisch Mau (S. 332) verwechselt.

Die zugespitzten Ohren verlängern die Konturen des Kopfes

Bei Jungtieren ist die dunkle Rückenlinie zugelassen

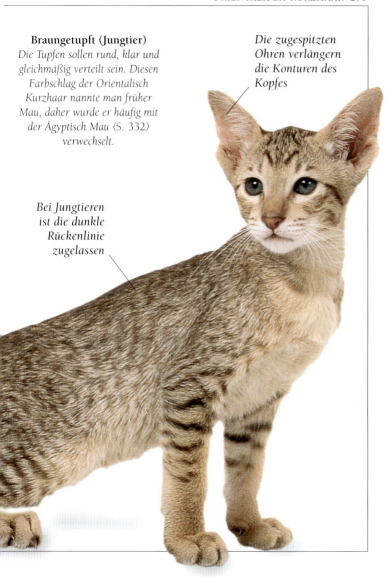

294 KURZHAARKATZEN

Oriental Blue (Blau)
Die Blaue Orientalisch Kurzhaar zeigt eindeutige Rassemerkmale, zum Beispiel den lang gestreckten Körperbau und die schräg gestellten Augen. Als blaue Katzen im 19. Jahrhundert aus Thailand importiert wurden, kam es häufig zu Verwechslungen.

Lilac oder Lavender
Diese Farbe (Verdünnung von Havannabraun) war eine der ersten Farben, die in den 1960er Jahren erzüchtet wurden. Sie hieß anfangs Lavender (wie heute noch in Nordamerika). Wie bei allen verdünnten Farben scheinen selbst schwache Tabbyzeichnungen durch.

Der lange, keilförmige Kopf hat sehr gerade Konturen

ORIENTALISCH KURZHAAR 295

Foreign White oder Oriental White

Beide Bezeichnungen gelten. International heißt dieser Farbschlag jedoch Oriental White. In den meisten Ländern dürfen die Augen grün oder blau sein, lediglich in Großbritannien lässt man nur blaue Augen zu.

AUF EINEN BLICK

ENTSTEHUNGSZEIT 1950er Jahre

URSPRUNGSLAND Großbritannien

VORFAHREN Siam, Korat, Perser, Kurzhaarkatzen

EINKREUZUNGEN Siam

SYNONYME Oriental Shorthair, früher in England »Foreigns« genannt

GEWICHT 4–6,5 kg

WESEN Anhänglich, lebhaft und charmant

Das feine, glänzende Fell ist sehr kurz

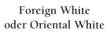

296 KURZHAARKATZEN

Oriental Black (Schwarz)
Das sehr kurze, glatte Fell muss einheitlich tiefschwarz gefärbt sein, von den Haarwurzeln bis zu den Haarspitzen und von den Augenrändern bis zu den Pfotenballen. Dieses Fell und ihre leuchtenden makellos grünen Augen verleihen der Katze ein unverwechselbares Aussehen.

Mittelgroßer, geschmeidiger Körper

Havana oder Chestnut Brown

Genetisch ist dieses satte, warme Braun ein Chocolate. Früher nannte man es Havana, es wurde aber als Chestnut Brown Foreign registriert. Heute heißt der Farbschlag in vielen Ländern Havana. In den USA hat man Chestnut Brown beibehalten, weil dort Havana Brown eine eigene Rasse ist.

GESCHICHTE DER RASSE Unter den ersten Siamkatzen, die in den Westen importiert wurden, gab es einfarbige Tiere. In den 1920er Jahren jedoch beschloss der britische Siamverband (Siamese Club of Britain) nur noch die »blauäugige Siam« anzuerkennen. Daher ging die Anzahl der Einfarbigen zurück, obwohl man in Deutschland noch bis Ende der 1930er Jahre schwarze und braune Siams gezüchtet hat. Die Arbeit an einer Chocolate in Großbritannien führte zur Chestnut Brown Foreign, die 1957 anerkannt und der Ursprung der Havana Brown (*S.* 228) wurde. Bis vor kurzem hieß die Rasse in Großbritannien »Foreign« und in Amerika «Oriental«, die jetzige Bezeichnung »Orientalisch Kurzhaar« dürfte klarer sein.

Orientalisch Kurzhaar – neuere Farbschläge

Immer wieder werden bei der Orientalisch Kurzhaar neue Farben und Fellmuster entwickelt. Seit Our Miss Smith, die Siam-Ahnherrin der Rasse in den 1950er Jahren grünäugige Junge mit braunem Fell gebar, sind viele der Gene vorhanden. Inzwischen hat man weitere Gene hinzugefügt. Über fünfzig anerkannte Fellfarben gibt es zur Zeit und die Zahl wird wohl noch wachsen.

Sprenkel sind erlaubt

Rot
Das geschlechtsgebundene Rot trat spät in Erscheinung, obwohl dieses Gen in den Katzenpopulationen Asiens vorhanden ist. Die Färbung sollte möglichst gleichmäßig sein. Tabbyzeichnungen werden akzeptiert.

Apricot
Gewünscht wird bei diesem neueren Farbschlag eine rötliche Cremefarbe, die dunkler und wärmer im Ton ist als ein echtes Creme. Der Vererbungsgang dieser Farbe ist noch nicht klar.

Gestromter Chocolate-Tabby

Die frühesten Tabbys der Orientalisch Kurzhaar waren getupft, doch inzwischen gibt es auch getigerte, gestromte und Tabbys mit Ticking. Häufig sind Kinn und Lippen der Tabbys weiß gefärbt. Das Weiß darf sich nicht auf die Schnauze oder die Kehle ausdehnen.

Die Augen sind meist grün

Die Hinterbeine sind länger als die Vorderbeine

An der Unterseite sind die Haare am längsten

Cinnamon

Cinnamon (Zimt) kam anfangs bei der Orientalisch Kurzhaar nicht vor. Es tauchte aber schon früh in der Palette der Farben auf, durch die man die Vielfalt der Farbschläge vergrößerte. Eingeführt wurde das Gen in den 1960er Jahren, und zwar mithilfe einer Kreuzung von Havanas mit Sorel-Abessiniern (S. 236), die genetisch Cinnamon sind.

302 KURZHAARKATZEN

Große, zugespitzte Ohren

Das kurze, feine Fell glänzt stark

Rot und Weiß

Abzeichen tragende Orientalen werden als Siam registriert. Dies mag ein Grund sein, warum viele Züchter zweifarbige Orientalisch Kurzhaar nicht entwickeln wollen. Eine leichte Fleckung bleibt bei den Zweifarbigen oft unbemerkt, kommt aber in nachfolgenden Generationen stärker zum Vorschein.

Chocolate-Silber-Tabby
Bei Silber-Tabbys beschränkt sich die Farbe auf die Haarspitzen. Die Unterwolle ist weiß. Der Kontrast zwischen Muster und Grundfarbe tritt zwar deutlich hervor, dennoch kann die Farbe so zurücktreten, dass die Zeichnung auf den Flanken nicht zu erkennen ist.

Der Schwanz ist lang und verjüngt sich zur Spitze hin

JAPANISCHE STUMMEL-SCHWANZKATZE

Diese verspielte, verschmuste Katze ist eine ausnehmend liebenswerte Hausgenossin. Ihre Vorfahren sind in Darstellungen der alten japanischen Kunst zu bewundern. Dass sie mit ihrem markanten Merkmal, dem acht bis zehn Zentimeter langen Stummelschwanz, so lange überlebt hat und noch heute als Glücksbringer gilt, verdankt sie wohl dem japanischen Aberglauben. Im alten Japan hielt man eine Katze mit gegabeltem Schwanz – mit zwei Spitzen – für einen verkleideten Dämon. Katzen mit normalem Schwanz wurden verfolgt, die kurzschwänzigen ließ man in Ruhe.

FARBSCHLÄGE

EINFARBIG UND SCHILDPATT
Schwarz, Rot, Schildpatt, Weiß
Alle anderen einfarbigen und Schildpattfarben, einschließlich Abzeichen, Mink und Sepia

TABBYS (ALLE FELLMUSTER)
Alle Farben

ZWEIFARBIG
Schwarz, Rot, Schildpatt, Tabby Rot und Weiß,
Allen anderen Farben und Zeichnungen mit Weiß

BRAUN-GETIGERT

SCHWARZ UND WEISS

Mi-ke

Dieser Farbschlag – Schildpatt und Weiß – wird in Japan Mi-ke genannt Er ist äußerst begehrt. Eine Mi-ke mit verschiedenfarbigen Augen wird noch höher bewertet als eine mit blauen oder goldfarbenen Augen. Man wünscht sich von dieser Katze, dass sie mit ihrem strahlend weißen Fell und den wenigen kräftigen Farbflecken wie eine Porzellanfigur wirkt.

305

Die großen Ohren stehen aufrecht und sehr weit auseinander

Das kurze bis mittellange Fell hat wenig Unterwolle

Der kurze Schwanz endet mit einer Haarquaste

Die Beine sind lang und schlank, wirken aber nicht zerbrechlich

GESCHICHTE DER RASSE Die Legende erzählt, dass Katzen erstmals im Jahr 999 aus China auf die japanischen Inseln kamen. Und in den nächsten 500 Jahren durften nur Adelige Katzen in ihren Besitz nehmen. In der Realität lebten schon viel früher Katzen auf den Inseln und fast jeder konnte sie haben. Unter den ursprünglich vom Festland eingewanderten Katzen befanden sich Tiere mit Stummelschwanz. In dem begrenzten Genpool der japanischen Inseln florierte das rezessive Stummelschwanz-Gen. Die amerikanische Züchterin Elizabeth Freret begründete das erste Zuchtprogramm außerhalb Japans (1968). Die Rasse wird nicht in Europa, aber in Nordamerika anerkannt.

AUF EINEN BLICK

ENTSTEHUNGSZEIT Vor dem 19. Jahrhundert
URSPRUNGSLAND Japan
VORFAHREN Hauskatzen
EINKREUZUNGEN Keine
SYNONYME Keine
GEWICHT 2,5–4 kg
WESEN Anhänglich und vorsichtig

JAPANISCHE STUMMELSCHWANZKATZE 307

Tabby Rot und Weiß

Als die Stummelschwanzkatze in den Westen kam, war sie kompakter und hatte ein breiteres Gesicht und kürzere Beine (wie der abgebildete Kater). Züchter haben den Typ so verfeinert, dass sich die Katze jetzt von ihren Artgenossen in Japan deutlich unterscheidet.

Kopf mit ausgewogener Keilform und langem Nasenrücken

Der Körper ist lang, gerade und schlank

308 KURZHAARKATZEN

LA PERM

Über Jahrhunderte sind Rex-Mutationen vorgekommen und unter den vielen Zufallszuchten verschwunden. Als man begann, Zuchtbücher zu führen, veränderte sich diese Situation. Seitdem wurden die ersten wichtigen Rex-Rassen eingeführt, die Cornish Rex (S. 312) und die Devon Rex (S. 318) und viele weitere sind aufgetaucht. Die La Perm hat zweifellos den seltsamsten Namen und in mancher Hinsicht das eigenartigste Aussehen. Die Katzen werden mit Fell geboren und verlieren es irgendwann, meist in der Kindheit; sie werden völlig kahl. Das Fell, das danach wächst ist dick und seidig, oft lockiger. Ungewöhnlich für eine Rasse ist, dass der Standard sie als Arbeitskatzen und »ausgezeichnete Jäger« beschreibt. Es gibt auch eine langhaarige Variante (S. 142). Das weiche Fell der Kurzhaarkatzen kann mehr wellig als lockig sein.

FARBSCHLÄGE

EINHEITLICHE FARBEN
Alle Farben und Fellmuster, auch Abzeichen, Sepia und Mink

SILBER-SCHILDPATT	BLAU
BLAU-CREME	CINNAMON-SILBER

Braungetupft (Jungtier)
Die exotische Wirkung des weich konturierten, keilförmigen Kopfes fällt besonders bei Jungtieren auf. Diese sind meist eine Zeit lang kahl. Bei Jungtieren mit einem glatten Fell erscheinen danach die gelockten Haare.

309

Breiter Kopf mit gemäßigter Keilform und gut entwickelter Schnauze

Die großen, mandelförmigen Augen sind leicht schräg gestellt

Der muskulöse Körper mit mittlerem Knochenbau ist relativ schwer

GESCHICHTE DER RASSE 1982 hatte eine Bauernkatze in The Dalles, Oregon (USA), einen Wurf von sechs Jungen, unter denen sich ein kahles befand. Trotz dieses Problems überlebte das Junge und bekam nach acht Wochen schließlich ein Fell. Aber anders als bei seinen Wurfgeschwistern war dieses Fell lockig und weich. Linda Koehl, die Besitzerin und Begründerin der Rasse, nannte dieses Junge Curly. In den nächsten Jahren züchtete Koehl weitere lockige Katzen, die zur Grundlage der Rasse wurden. Das Gen für das lockige Haar ist dominant, daher können viele Kreuzungen zur Erweiterung des Genpools stattfinden, und es gibt trotzdem eine ordentliche Anzahl Rex-Junge. Die Rasse wurde von der TICA anerkannt, in Europa aber noch nicht.

AUF EINEN BLICK

ENTSTEHUNGSZEIT 1982

URSPRUNGSLAND USA

VORFAHREN Bauernkatzen

EINKREUZUNGEN Rasselose Katzen

SYNONYM Dalles La Perm

GEWICHT 3,5–5,5 kg

WESEN Anhänglich, neugierig, genießt die Gesellschaft des Menschen

Roter Tabby
Wie jedes Rexfell verschleiert auch bei der La Perm das lockige Fell die Tabbyzeichnungen. Das »M« auf der Stirn und die Maskara-Linien an den Schläfen und Wangen lassen sich aber noch deutlich erkennen. Gut sichtbar ist auch die Bänderung an Beinen und Schwanz, wo die Haare kürzer oder weniger wellig sind. Die Augenfarbe ist unabhängig von der Fellfarbe.

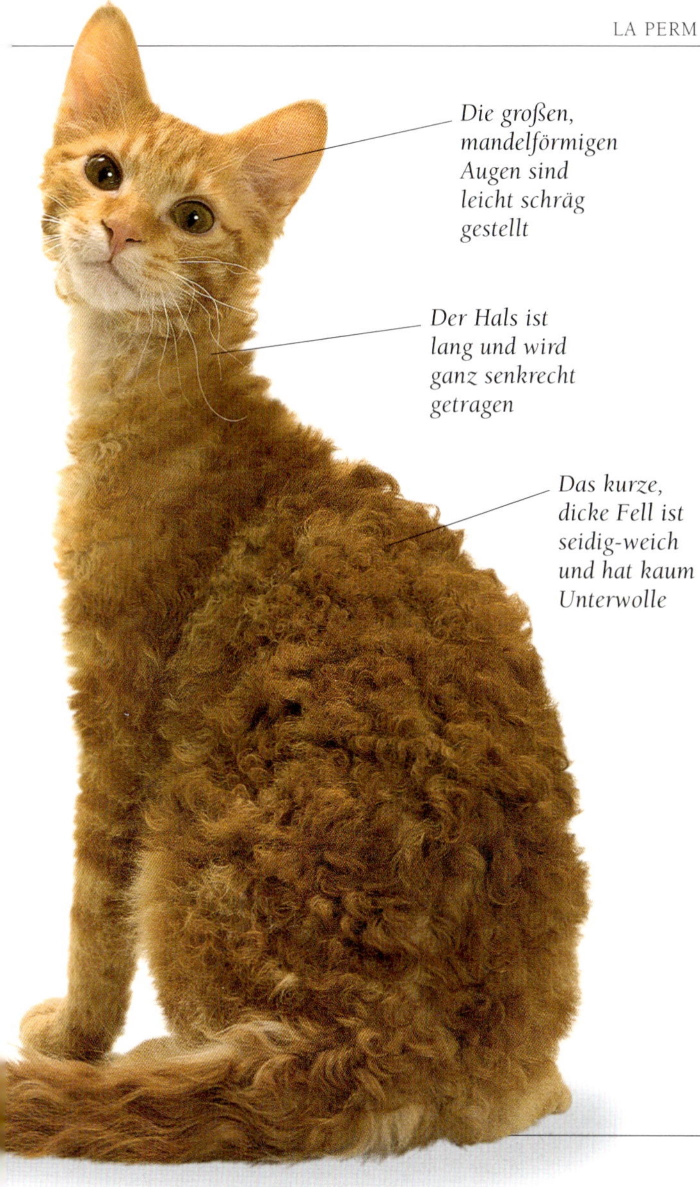

LA PERM 311

*Die großen,
mandelförmigen
Augen sind
leicht schräg
gestellt*

*Der Hals ist
lang und wird
ganz senkrecht
getragen*

*Das kurze,
dicke Fell ist
seidig-weich
und hat kaum
Unterwolle*

CORNISH REX

Die extrovertierte und »kurvenreiche« Cornish Rex mit den Haaren, die den Wellen eines Waschbretts gleichen, ist ein echter Blickfang. Dem Fell fehlen die Leithaare, daher fühlt es sich extrem weich und samtig an. Auffallend ist auch das Erscheinungsbild der Rasse: Riesige Ohren sitzen hoch auf dem relativ kleinen Kopf und der gewölbte Körper wird von feingliedrigen, schlanken Beinen getragen. Obwohl das Fell der beiderseits des Atlantiks existierenden Cornish Rex gleich ist, unterscheidet sie sich leicht. Die europäische Katzen wirken weniger zerbrechlich als ihre amerikanischen Verwandten, deren hoch gezogener Rumpf an Windhunde erinnert. Die lebhafte und sehr freundliche Cornish Rex springt hervorragend und findet es völlig normal, zur Begrüßung mit einem Satz vom Boden auf die Schulter eines Menschen zu springen.

FARBSCHLÄGE

Alle Farben und Fellmuster, auch Abzeichen, Sepia und Mink

CINNAMON-SILBER

SCHILDPATT-WEISS

CHOCOLATE-POINT

CORNISH REX 313

Rot-Smoke
*Der Körper der Rex wird von sehr hohen
Beinen getragen. Das Rückgrat bildet
einen leichten Bogen. Auf dem Rücken
und am Hinterteil ist die Wellung des
Fells am stärksten ausgeprägt. Das Gen
für Rot ist seit Kallibunkers (S. 315)
Nachkommen in der Rasse angelegt.*

*Der feingliedrige
Körper ist fest
und muskulös*

*Die Beine sind
sind sehr lang
und sehr schlank*

*Die Pfoten sind
klein und oval*

Weiß

Dieser weiße Kater zeigt das nur mäßig exotisch wirkende Erscheinungsbild des europäischen Typs. Der Körper ist schlank, aber kräftig und gut bemuskelt. Die Beine sollten nicht zu lang und zu feinknochig sein. Kallibunker, der Stammvater der Cornish Rex, wirkte ausgesprochen exotisch. Das Aussehen der Katze wurde jedoch von jenen Katzen geprägt, die in der Frühentwicklung der Rasse verwendet wurden. Später ging man zudem beiderseits des Atlantiks unterschiedliche Wege.

Das kurze, gewellte Fell fühlt sich wie Samt oder Plüsch an

CORNISH REX 315

Europäisches Profil
Abweichend von den »kurvenreichen« nordamerikanischen Cornish Rex haben die europäischen Katzen einen keilförmigen Kopf mit geradem Nasenrücken und kleineren Ohren.

Mittellanger Kopf mit gerundeter Schnauze und kräftigem Kinn

GESCHICHTE DER RASSE 1950 hatte eine Bauernkatze aus Cornwall einen Wurf, zu dem ein lockiges Katerchen gehörte: Kallibunker. Die Besitzerin, Nina Ennismore, sah darin eine Ähnlichkeit zur Rexmutation bei Kaninchen. Eine Rückverpaarung bestätigte, dass das Merkmal rezessiv war. Die Nachkommen wurden mit Britisch Kurzhaar und Burmakatzen gekreuzt. 1957 kam die Cornish Rex in die USA, wo man Orientalisch Kurzhaar und Siam-Varianten einkreuzte. Eine ähnliche Rexrasse entstand 1951 in Deutschland. Sie entstand aus einer streunende Katze, die ein Züchter aufgenommen hatte.

Die großen Ohren mit gerundeten Spitzen sind an der Basis sehr breit

Schwarz-Smoke und Weiß
Da die Leithaare fehlen, tritt das weiße Unterfell der Smoke- und Silber-farbschläge besonders deutlich in Erscheinung. Diese Katze verkörpert den nordamerikanischen Typ.

Auf einen Blick

Entstehungszeit 1950er Jahre
Ursprungsland Großbritannien
Vorfahren Bauernkatzen
Einkreuzungen Keine
Synonyme Keine
Gewicht 2,5–4,5 kg
Wesen Unternehmungslustig, anhänglich, mit akrobatischem Talent

CORNISH REX 317

Schildpatt
Bei feingliedrigen Rassen wie der Cornish Rex konzentriert sich der Standard häufig auf die weiblichen Tiere. Bei der hier abgebildeten Schildpattkatze ist der gewölbte Rumpf, den die nordamerikanischen Verbände fordern, deutlich zu sehen.

Eiförmiger Kopf mit gewölbtem Schädel und »römischem« Profil

Hindlegs are longer than forelegs

DEVON REX

Die leuchtenden Augen und die extrem großen, tief angesetzten Ohren verleihen der Devon Rex das Aussehen eines Kobolds. Ihr Fell ist gekräuselt, aber nicht so wellig wie das der Cornish Rex (*S. 312*). Im Gegensatz zu früher dauert die Fellausbildung nicht mehr ein Jahr, sondern nur noch vier Monate. Da andere Rassen eingekreuzt wurden, darunter auch Perser, kommt es gelegentlich auch zu langhaarigen Nachkommen. Das eigenartige Fell hat der Devon Rex den Spitznamen »Pudelkatze« eingetragen. Alle Züchter sind sich darin einig, dass diese unternehmungslustige Katze nie gelangweilt herumsitzen wird. Sie findet immer irgendetwas, das ihr Spaß macht.

Devon-Rex-Profil
Kennzeichen des kurzen, keilförmigen Profils sind die gewölbte Stirn, der ausgeprägte Stop und die gut entwickelten Schnurrhaarkissen.

Die großen Ohren mit gerundeten Spitzen sind an der Basis breit und stehen weit auseinander

Die spröden Schnurrhaare brechen leicht ab

DEVON REX 319

Farbschläge

Alle Farben und Fellmuster, einschließlich Abzeichen

Weiss	Schwarz-Smoke und Weiss

Roter Tabby
Diesen roten Ausstellungskater hat man nicht kastriert. Dadurch haben sich die »Pausbacken« herausgebildet, die bei älteren Katern häufig vorkommen. Kastrierte Kater behalten ihr schmales »Elfengesicht«, sind also nicht so vollwangig.

GESCHICHTE DER RASSE 1960 fand Beryl Cox in Devon (Südwest-England) einen Kater mit lockigem Fell. Die Verpaarung mit einer frei laufenden Kätzin brachte einen Wurf, in dem sich ein lockiges Katerchen befand: Kirlee. Es handelte sich also um ein rezessives Gen. Kirlees Eltern waren sicherlich eng verwandt, da die Devon Rex sich nur durch Inzucht erhalten ließ. Man verpaarte Kirlee mit Cornish-Rex-Kätzinnen, aber die Nachkommen hatten glatte Haare. Das Devon-Rex-Gen ist eine andere Mutation und die beiden Rassen haben sich typmäßig unterschiedlich entwickelt. Seit 1979 werden die Devon Rex und die Cornish Rex in Nordamerika getrennt geführt.

Brauner Tabby
Die Tabbyzeichnungen sind am deutlichsten an den Beinen zu erkennen, da dort die Haare kürzer und nicht so lockig sind wie am übrigen Körper. Alle Tabbymuster sind erlaubt, wobei die Bänderung (Ticking) selten ist.

DEVON REX 321

Silber-Schildpatt-Tabby
Durch die zahlreichen Einkreuzungen während der Entwicklung der Rasse sind endlos viele Muster und Farben entstanden. Das lockige Fell bringt schattierte Farben besonders gut zur Geltung und schwächt die Tabbyzeichnungen ab.

Das kurze, weiche Fell bildet Wirbel

Die Pfotenballen können beliebig gefärbt sein

322 KURZHAARKATZEN

Der Körper ist schlank, aber fest und muskulös

Schwarz-Smoke

Diese Fellfarbe hatte Kirlee, die erste Devon Rex. Durch das gelockte Fell wirkt die Smokeschattierung noch schöner als bei glatthaarigen Katzen. Je dunkler die Farbe ist, desto deutlicher kommt der Kontrast zu der silberweißen Unterwolle zum Vorschein. Das »orientalische« Aussehen ist typisch für die Rasse. Das zart und elfenhaft wirkende Gesicht täuscht über den kräftigen Körperbau hinweg.

AUF EINEN BLICK

ENTSTEHUNGSZEIT 1960

URSPRUNGSLAND Großbritannien

VORFAHREN Verwilderte und gewöhnliche Hauskatzen

EINKREUZUNGEN Bis 1998 Britisch und Amerikanisch Kurzhaar

SYNONYM Pudelkatze (Spitzname)

GEWICHT 2,5–4 kg

WESEN Lebhaft, anhänglich, unternehmungslustig, reizende »Clowns«

Blau-Creme und Weiß
Auf diesem Foto ist die breite Brust der Devon Rex gut zu sehen. Ihre langen, schlanken Beine wirken o-beinig. Doch das täuscht, denn die Beine sind keineswegs gebogen und Skelettdeformationen kommen bei dieser Rasse nicht vor.

Schlanker Hals

Die Hinterbeine sind länger als die Vorderbeine

SPHYNX

Nacktkatzen – unbehaarte Katzen – treten weltweit immer wieder einmal auf. Die Sphynx ist jedoch nicht völlig haarlos, sondern trägt einen kurzen, seidigen Flaum, der sich wie Pfirsichhaut anfühlt. Da dieser Katze der Schutz fehlt, den ein Fell bietet, reagiert sie empfindlich auf Kälte und Hitze und muss daher im Haus gehalten werden. Die leeren Haarfollikel sondern über eine Drüse Öl ab, das man täglich mit einem Ledertuch abreiben muss. Sphynxkatzen sind sehr verspielt und anhänglich.

Sphynx-Kopf
Die riesigen Ohren, die großen Augen und das fein geschnittene Gesicht verraten den Einfluss der Devon Rex.

SPHYNX 325

FARBSCHLÄGE

Alle Farben und Fellmuster, auch
Abzeichen Sepia und Mink

SCHILDPATT	WEISS	SCHWARZ

Blau-Creme und Weiß

*Bei der Sphynx ist die Haut farbig wie bei
anderen Katzen das Fell. Der natürliche
Haarmangel ist ein wesentliches
Rassemerkmal. Züchtern, die
versuchen, Katzen durch
künstliche Enthaarung in
Nacktkatzen zu verwandeln,
droht der Ausschluss aus
ihrem Zuchtverband.*

326 KURZHAARKATZEN

GESCHICHTE DER RASSE Die erste Sphynx hieß Prune und wurde 1966 geboren, doch diese Linie starb aus. 1978 wurde in Toronto eine streunende Langhaarkatze mit ihrem haarlosen Jungen gerettet. Man kastrierte das Junge. Die Mutter brachte weitere haarlose Junge zur Welt. Zwei davon wurden nach Europa exportiert. Dort paarte man eines mit einer Devon Rex. Es gab haarlose Nachkommen – ein Zeichen dafür, dass das zuständige rezessive Gen über das Devon-Rex-Gen dominiert. Ein Junges, mit dem Spitznamen E.T., kam zu Vicki und Peter Markstein nach New York, die das Tier ebenfalls mit einer Devon Rex verpaarten. Heute wird die Rasse nur von der TICA anerkannt. Viele andere Verbände fürchten Gesundheitsprobleme. Die britische GCCF registriert die Sphynx, um zu vermeiden, dass das Gen in die Devon-Rex-Linie getragen wird.

Die Behaarung besteht nur aus einem feinem Flaum

AUF EINEN BLICK

ENTSTEHUNGSZEIT 1966

URSPRUNGSLAND Nordamerika und Europa

VORFAHREN Rasselose Langhaarkatzen

EINKREUZUNGEN Devon Rex

SYNONYME Canadian Hairless, Kanadische Nacktkatze

GEWICHT 3,5–7 kg

WESEN Anhänglich und lebhaft

SPHYNX 327

Blau
Die Farben wirken bei der Sphynx wärmer als bei Fell tragenden Katzen, da das natürliche Rosa der Haut durchschimmert. Je nach Beleuchtung wirkt das Blau eher wie Lilac

Kräftiger Hals

Der gerundete Körper ist fest und muskulös

Die Beine sind fest und muskulös

California Spangled

Diese gesellige, aktive Katze ist ziemlich robust. Ihr muskulöser Körper ist lang gestreckt und schlank, aber im Verhältnis zur Größe schwer. Der runde Kopf erinnert an kleine Wildkatzen und das dichte, doppellagige Fell soll die Zeichnung des Leopardenfells nachahmen. Aus einem Zuchtprogramm gehen Junge hervor, die bei der Geburt schwarz sind, ausgenommen Gesicht, Beine und Unterbauch. Erwachsene Katzen haben ein Fell, das dem seltenen afrikanischen Königsgeparden ähnelt. Diese King-Spangled-Katzen werden nicht ausgestellt.

Farbschläge

Tabby (getupft)
Schwarz, Kohle, Braun, Bronze, Rot, Blau, Golden, Silber

»Schneeleopard«
Farben und Zeichnungen wie bei Standard-Tabbys

Braun

Silber

Golden

CALIFORNIA SPANGLED 329

Goldengetupft (Jungtier)
Alle getupften California-Spangled-Jungtiere kommen mit ihrer Fleckenzeichnung auf die Welt. Tiere mit dem »Schneeleoparden«-Muster sind bei der Geburt weiß. Blaue Augen werden später grün oder goldfarben.

Die aufrechten Ohren sind weit hinten am Kopf angesetzt

Die Beine haben Tabbystreifen

Auf einen Blick

Entstehungszeit 1971

Ursprungsland USA

Vorfahren Abessinier, Siam, Britisch und Amerikanisch Kurzhaar, Manx, Perser, afrikanische und asiatische Straßenkatzen

Einkreuzungen Keine

Synonyme Keine

Gewicht 4–8 kg

Wesen Gesellig und freundlich

Blau
Die Form der Flecken variiert bei der California Spangled von rund über oval bis zu dreieckig. Je variationsreicher die Flecken sind, desto lieber ist es den Züchtern. Sowohl die Erforschung der Fellmuster als auch deren Entwicklung laufen noch. Das Blau der California Spangled ist nicht so kühl wie bei anderen Rassen, in den blassen Fellpartien ist ein gewisser Rufismus zu bemerken.

Geschichte der Rasse Diese Rasse hat der Kalifornier Paul Casey erzüchtet. Er wollte eine wildtierähnliche gefleckte Katze ohne Wildkatzenblut schaffen. Zu seinem hoch gesteckten Ziel gelangte er mithilfe von rasselosen Katzen aus Asien und Kairo und einer Reihe verschiedener Rassekatzen (darunter Manx, Perser, Siam, Britisch und Amerikanisch Kurzhaar). Das Tier wurde 1968 – begleitet von Werbemaßnahmen – in einem Versandhauskatalog angeboten. Auf dieses Vorgehen reagierten andere Züchter mit großem Befremden. »Spangled« ist ein Begriff aus der Vogelkunde und bedeutet getüpfelt oder gefleckt. Rosetten- und Ringmuster ahmen die Fellzeichnung von Ozelot oder Jaguar nach. Die Rasse hat bisher weder in Nordamerika noch anderswo viel Anerkennung gefunden.

Die ovalen Augen sind leicht schräg gestellt

Wildkatzenähnlicher Kopf mit breiten, hohen Backenknochen und vollen Schnurrhaarkissen

Der Körper ist lang gestreckt und muskulös

ÄGYPTISCHE MAU

Die Mau erinnert an die Katzen auf altägyptischen Wandgemälden – Mau ist das ägyptische Wort für Katze. Körper und Gesicht der Rasse sind harmonisch in der Form. Das Fleckenmuster des Fells weist die ursprünglichen Brauntöne auf. Nur die Augen fallen aus dem Rahmen. Auf alten Porträts sieht man wild blickende Augen, während die moderne Mau mit ihren großen, runden Augen eher etwas besorgt schaut. Doch das täuscht. Diese quirlige, gesellige Katze mit dem Hang, zu »Selbstgesprächen« besitzt ein gesundes Selbstbewusstsein, das sie von ihren Vorfahren geerbt hat.

Der mittellange Schwanz verjüngt sich zur Spitze hin

FARBSCHLÄGE

EINFARBIG
Schwarz (nicht anerkannt)

SMOKE
Schwarz

TABBY (GETUPFT)
Bronze

SILBER-TABBY (GETUPFT)
Silber

Smoke
Im Gegensatz zu anderen Smoke-Katzen handelt es sich bei diesem Farbschlag der Mau nicht um eine einfarbige Katze ohne Tabbyzeichnung, sondern um einen eindeutigen Tabby. Das weiße Unterfell kommt gerade so weit zum Vorschein, dass es einen sichtbaren Kontrast zum dunklen Haar bildet.

ÄGYPTISCHE MAU 333

Auf einen Blick

Entstehungszeit 1950er Jahre

Ursprungsland Ägypten und Italien

Vorfahren Ägyptische Straßenkatzen und italienische Hauskatzen

Einkreuzungen Keine

Synonyme Keine

Gewicht 2,25–5 kg

Wesen Freundlich, intelligent

GESCHICHTE DER RASSE Obwohl alle Hauskatzen auf altägyptische Vorfahren zurückblicken können, ähnelt die Mau diesen wohl am meisten. Nathalie Troubetzkoy, eine Exilrussin, war fasziniert von den getupften Zeichnungen der Straßenkatzen in Kairo und brachte eine Kätzin nach Italien, um sie dort mit einem Kater zu verpaaren. 1956 reiste sie in die USA, wo die Nachkommen registriert und auf Ausstellungen gezeigt wurden. Die Rasse ist seit 1977 von der CFA voll anerkannt und wird auch bei TICA-Ausstellungen gezeigt. In Europa kennt sie kaum jemand. Man kann die Rasse mit der Getupften Orientalisch Kurzhaar (S. 292) verwechseln.

Der mittelgroße Kopf hat eine gerundete Keilform

Mau-Gesicht
Das Gesicht ist gut proportioniert, die Form ist weder rundlich noch deutlich keilförmig. Von der Stirn bis zur Schnauze verläuft der Nasenrücken in gleicher Breite. Kräftige Maskaralinien betonen die Augen.

Bronze

Von den drei Farbschlägen der Mau erinnert der Farbschlag Bronze am meisten an die antiken Vorbilder. Die Tupfen längs des Rückgrats verlaufen in parallelen Reihen. Die Zeichnungen auf den Flanken können beliebig gesetzt sein.

336 KURZHAARKATZEN

Das Fell ist fein und seidig, es liegt eng an

Der mittelgroße Körper ist gut bemuskelt

Kleine, leicht ovale Pfoten mit langen Zehen

ÄGYPTISCH MAU 337

Einzigartige Tupfung

Viele Züchter sagen, die Mau sei die einzige getupfte natürliche Rasse. Doch da der Begriff »natürliche Rasse« sehr unterschiedlich definiert wird, lässt sich so eine Aussage kaum beweisen. Die Form der Tupfen spielt keine Rolle. Die Tupfen müssen nur klar abgrenzt und unregelmäßig über den Rumpf verteilt sein. Dem Streifenmuster eines gestromten oder getigerten Fells darf die Verteilung jedoch nicht ähneln.

Die mittelgroßen bis großen Ohren stehen aufrecht oder sind leicht geneigt

Die Nase ist von der Spitze bis zur Stirn leicht gebogen

Die mittellangen Beine sind gut bemuskelt

OCICAT

Die Ocicat vereint in sich viele der ausgezeichneten Eigenschaften der Siam (*S. 280*) und der Abessinier (*S. 232*). Die verspielte und neugierige Katze genießt die Gesellschaft von Menschen und lernt leicht kleine Kunststücke. Für längeres Alleinsein ist sie absolut nicht geeignet. Bei dieser muskulösen, erstaunlich robusten Rasse sind die Kater sehr viel größer als die Kätzinnen. Nicht übersehen lässt sich das wichtigste Rassemerkmal, die Tupfen. Sie sollten in der Verteilung dem gestromten Tabbymuster folgen. Ausstellungskatzen müssen perfekt getupft sein.

Lilac oder Lavender
Hierbei handelt es sich um eine Verdünnung von Chocolate. Die Lilactupfen sitzen auf blassgelbem bis elfenbeinfarbenem Grund. Da sich bei verdünnten Farben eine weichere Tabbyzeichnung kaum vermeiden lässt, ist sie zugelassen.

OCICAT 339

Der große Körper ist fest und kräftig, wirkt aber elegant

Die mittellangen Beine sind gut bemuskelt

Tawny oder Braun
Genetisch ist dieser Farbschlag ein Brauner Tabby. Von der CFA wird die Farbe als Tawny (lohfarben) bezeichnet. Die schwarzen oder dunkelbraunen Tupfen stehen auf rötlichem Grund. Dieser weist auf den starken Rufismus der Abessiniervorfahren hin.

FARBSCHLÄGE

TABBYS (GETUPFT)
Tawny oder Braun, Chocolate, Cinnamon, Blau, Lavender, Fawn
Gestromt oder getigert

SILBER-TABBYS (GETUPFT)
Wie bei Standard-Tabby
Gestromt und getigert

EINFARBIG
Farben wie bei Tabbys

SMOKE
Farben wie bei Tabbys

SILBER   FAWN

340 KURZHAARKATZEN

Blau-Silber
Das Gen für Silber gelangte bereits zu Beginn der Entwicklung der Rasse durch Einkreuzungen von Amerikanisch Kurzhaar in die Ocicat. Bei allen Silberfarbenen stehen die Fellzeichnungen auf weißem Grund, von dem sie sich deutlich abheben.

Der Hals ist anmutig gebogen

Das kurze Fell ist fein und glatt

Die mäßig großen Ohren sind seitlich angesetzt

Ocicat-Kopf
Die Zeichnung des Gesichts sollte klar und differenziert sein. Die M-Zeichnung auf der Stirn, die Maskaralinien auf Schläfen und Wangen sowie die dunkel eingefassten Augen sollten nicht zu dunkel, aber gut ausgeprägt sein.

GESCHICHTE DER RASSE Die Ocicat ist einem glücklichen Zufall zu verdanken. Virginia Daly aus Berkeley, Michigan (USA), kreuzte eine Siam mit einer Abessinier, um eine Siam mit Abessinierabzeichen zu entwickeln. Die Jungen sahen wie Abessinier aus, aber als eines mit einer Siam verpaart wurde, gab es in dem Wurf nicht nur Siam mit Abessinierabzeichen, sondern auch ein getupftes Kätzchen. Wegen der Ähnlichkeit mit einem Ozelot, nannte man es Ocicat. Diese erste Ocicat wurde kastriert. Aber man setzte die Paarung anderweitig fort und es entstand Dalai Talua, die eigentliche Stammmutter der Rasse. Ein anderer Züchter, Tom Brown, half, die Ocicat durch Einkreuzung von Amerikanisch Kurzhaar (*S. 190*) weiter zu entwickeln. 1986 wurde die Rasse von der TICA anerkannt.

342 KURZHAARKATZEN

Der Kopf ist keilförmig, die Schnauze breit

Die großen, mandelförmigen Augen sind leicht schräg gestellt

An der Schwanzspitze ist die Fellfarbe am reinsten

Cinnamon-Silber (Jungtier)
Die Ocicatzeichnung entwickelt sich erst mit der Zeit. Jungtiere können entlang des Rückgrats durchgehende Streifen haben, die sich dann im Heranwachsen zu Tupfen auflösen.

Langer, schlanker Schwanz

Auf einen Blick

Entstehungszeit 1964

Ursprungsland USA

Vorfahren Siam, Abessinier, Amerikanisch Kurzhaar

Einkreuzungen Abessinier bis zum Jahr 2005 erlaubt

Synonym Oci

Gewicht 2,5–6,5 kg

Wesen Gesellig, folgsam, braucht aber sehr viel Zuwendung

Cinnamon

Verlangt wird ein anmutiger, athletischer Körper. Die Zeichnungen beginnen als Linien im Gesicht und gehen auf dem Körper in Tupfen und an den Beinen in Querstreifen über.

BENGAL

Diese weltweit noch sehr seltene Katze hat ein besonders dichtes und üppiges Fell. Da die Rasse zum Teil von wild lebenden Katzen abstammt, muss man bei der Zucht auf ein zuverlässiges Wesen großen Wert legen. Die Zahl der Tiere ist noch gering, dennoch gibt es zahlreiche Rassezuchtvereine. Zu Beginn der Rasseentwicklung wurden einige unerwünschte Gene (für Verdünnung, Langhaar und Tupfung) in die Zuchtlinie eingeführt, aber auch die Siamzeichnung, die zu den aparten »Schnee«-Schattierungen führte.

Bengal-Kopf
Der Kopf mit den hohen Backenknochen ist länger als breit. Das Gesicht mit der breiten, vollen Schnauze, dem kräftigen Kinn und den stark ausgeprägten Schnurrhaarkissen ist ausdrucksvoll. Der etwas »geblähte« Nasenspiegel ist rosa und schwarz umrandet. Markant sind die M-Zeichnung auf der Stirn und die Linien, die den Kopf bedecken.

BENGAL 345

FARBSCHLÄGE

EINFARBIG
Schwarz

TABBYS (GETUPFT, MARMORIERT)
Braun, Snow (Schnee)

Braunmarmoriert
Die Zeichnung muss deutlich ausgeprägt, darf aber nicht symmetrisch sein. Sie sollte einem Wildkatzenfell ähneln, nicht dem gestromten Tabbymuster. Eine präzise Begrenzung wird ebenso verlangt wie (Besonderheit des Bengalstandards) diese drei Farbtöne: Grundfarbe, dunkle Zeichnung und dunkle Konturen.

346 KURZHAARKATZEN

Der relativ kleine Kopf hat eine gerundete Keilform

Der Hals ist dick und muskulös

Die Beine sind mittellang, kräftig und gut bemuskelt

Große, runde Pfoten

BENGAL 347

GESCHICHTE DER RASSE Als Jean Sugden 1963 in Kalifornien eine asiatische Bengalkatze kaufte und mit einer Hauskatze verpaarte, ging es ihr um den Erhalt der wild lebenden Bengalkatze. Zehn Jahre später setzte Dr. Willard Centerwall an der University of California diese Kreuzungszucht fort, um die Resistenz der asiatischen Bengalkatze gegen Katzenleukämie zu erforschen. Aus diesen Anfängen entstand die Bengal. Dr. Centerwall gab Jean Sugden (inzwischen verheiratete Mill) acht seiner Hybriden. Die erste Bengal namens Millwood Finally Found wurde 1983 von Jean Mill vorgestellt. Von den ursprünglich nervösen Katzen hat die Weiterentwicklung zu einer gelasseneren Rasse geführt. Frühe Kreuzungen sind mit rasselosen Katzen erfolgt, doch als die leopardenähnliche Fellzeichnung auftrat, kreuzte man die Katzen mit indischen Straßenkatzen und der Ägyptischen Mau (S. 332).

Das Fell ist sehr dicht und weich

Das Fell ist kurz bis mittellang

Marmorierte Snow mit blauen Augen
Die Schneefarbe (Snow) stammt von den rasselosen Katzen, die bei der Erzüchtung der Bengal beteiligt waren. Die Zuchtverbände sind über solche Ausrutscher nicht begeistert. Die Züchter jedoch nutzten die Gelegenheit, um eine besonders aparte Katze mit »Perlmutteffekt« zu schaffen. Das Fellmuster der Snow-Katzen entspricht dem der voll ausgefärbten Farbschläge.

348 KURZHAARKATZEN

Der Schwanz ist gleichmäßig dick

Der große Körper ist sehr muskulös

Die Hinterbeine sind länger als die Vorderbeine

Auf einen Blick

Entstehungszeit 1983

Ursprungsland USA

Vorfahren Bengalkatze, Ägyptische Mau, indische Straßenkatzen und Hauskatzen

Einkreuzungen Keine

Synonym Früher Leopardettes

Gewicht 5,5–10 kg

Wesen Von vornehmer Zurückhaltung, aber meist freundlich

BENGAL 349

Kurze Ohren mit breiter Basis und gerundeten Spitzen

Die großen, ovalen Ohren sind leicht schräg gestellt

Breite Brust

Braungetupft

Das ist der erste Farbschlag der rein gezüchtet wurde. Das Fell ähnelt sehr der wild lebenden Bengalkatze. Die Grundfarbe ist braungelb, die Tupfen und die übrigen Zeichnungen sind dunkelbraun bis schwarz. Die Gesichtszeichnung besitzt schwarze Konturen. Die Tupfen auf dem Körper sollen groß sein und Ringe oder Rosetten bilden. Unerwünscht sind vertikale Streife, die an eine Tigerung erinnern.

AMERICAN BOBTAIL

Über lange Zeit gab es nur wenige stummelschwänzige oder schwanzlose Rassen. Seit jedoch solche Rassen bekannter wurden, zum Beispiel die Kurilen-Stummelschwanzkatze (S. 146), registrierte man in Nordamerika zwei neue Stummelschwanzzüchtungen. Die American Bobtail war die erste. Der genetische Hintergrund der Rasse ist ungewiss: Rotluchs-Vorfahren sind unbestätigt, aber die Gene der Japanischen Stummelschwanzkatze (S. 304) und der Manx (S. 176) sind vorhanden. Die American Bobtail muss einen kurzen Schwanz haben, der etwas oberhalb des Sprunggelenks endet.

FARBSCHLÄGE

Alle Farben und Zeichnung, Abzeichen, Sepia und Mink

FAWN UND WEISS

BLAUER TABBY

ROTER TABBY

WEISS

AMERICAN BOBTAIL 351

Getupft (Kurzhaar)

Der Standard verlangte eine kraftvolle, »handfeste«, »wild« aussehende Katze mit einem kräftigen Kopf und »jagdlüsternen« Augen. American Bobtails sind ziemliche Spätentwickler. Oft sind sie erst nach drei Jahren ausgewachsen. Das kurze, leicht zottige Fell steht vom Körper ab.

Der Körper besitzt eine kräftige Muskulatur

Stämmige Beine mit großen runden Pfoten

Geschichte der Rasse Die Rasse basiert auf einem zufällig entstandenen Tabby-Kätzchen mit Stummelschwanz, das John und Brenda Sanders aus Iowa (USA) in einer Indianer-Reservation in Arizona an sich nahmen. Anfangs ging es um die Entwicklung einer Stummelschwanzkatze, die der Snowshoe (*S. 208*) ähnelt. Inzucht machte die Katzen jedoch krank. Die Arbeit von Reaha Evans vergrößerte später die Vielfalt der Fellfarben und -muster und verbesserte die Gesundheit der Rasse (1989 von der TICA anerkannt).

Der Schwanz darf nicht fehlen und er muss über dem Sprunggelenk enden

AMERICAN BOBTAIL 353

Die mittelgroßen Ohren sind an der Basis breit und hoch angesetzt

Braungetupft (Langhaar, Jungtier)
Von der American Bobtail gibt es Langhaar- und Kurzhaar-Versionen. Da das Langhaargen rezessiv ist, kommen langhaarige Katzen seltener vor. Längere »Koteletts« an den Wangen sind erwünscht. Das Haarkleid verfilzt nicht so leicht, auch wenn es reichlich zottig aussieht.

Kopf mit breiter, modifizierter Keilform

Auf einen Blick

Entstehungszeit 1960er Jahre
Ursprungsland USA
Vorfahren Ungeklärt
Einkreuzungen Rasselose Katzen
Synonyme Keine
Gewicht 3–7 kg
Wesen Freundlich, neugierig, keineswegs so »wild«, wie sie aussieht

PIXIEBOB

Tiere in Hauskatzengröße mit Wildkatzenaussehen sind in den letzten zwanzig Jahren immer beliebter geworden. Demzufolge haben nordamerikanische Züchter eine Katze entwickelt, die dem einheimischen Rotluchs ähnelt. Trotz ihres »wilden« Aussehens sagt man der Pixiebob nach, dass sie das Wesen eines treuen Hundes hätte. Züchter empfehlen Käufern, sich den Erwerb dieser Katze gründlich zu überlegen, da die Katze nicht gern umzieht und sich als Einzeltier am wohlsten fühlt.

FARBSCHLÄGE

TABBYS (GETUPFT, ROSETTEN)
Braun
Alle anderen Tabbymuster und andere Farben

Braungetupft (Jungtier)
Die meisten Jungtiere, die zur Zucht verwendet wurden, waren »überzählig« und die Züchter bekamen sie von den Farmern geschenkt.

Die leicht gerundeten Ohren sind weit hinten angesetzt

Pixiebob-Kopf
Erwünscht sind eine prägnante Gesichtszeichnung, Maskaralinien auf den Wangen und eine helle »Brille«. Lippen und Kinn sollten weiß sein. Luchspinsel an den Ohren gelten als optimal, dürfen aber durchaus fehlen.

GESCHICHTE DER RASSE Man sagt, der Pixiebob wäre aus Verpaarungen von Rotluchsen mit Stallkatzen entstanden. Aber DNS-Analysen haben dafür keine ausreichenden Beweise geliefert. Zwei derartige Katzen hatte Carol Ann Brewer 1985 (USA) verpaart. Daraus entstand Pixie, die Stammmutter der Rasse. Die Rasse ist von der TICA zugelassen. Außerhalb Nordamerikas ist sie jedoch nicht bekannt.

AUF EINEN BLICK

ENTSTEHUNGSZEIT 1980er Jahre

URSPRUNGSLAND Nordamerika

VORFAHREN Hauskatzen, möglicherweise Rotluchst

EINKREUZUNGEN Rasselose Braune Tabbys

SYNONYME Keine

GEWICHT 4–8 kg

WESEN Ruhig, anhänglich, ortsgebunden

RASSELOSE KURZHAARKATZEN

Die ganz gewöhnlichen Hauskatzen sind weltweit die beliebtesten Katzen. Der Typ ändert sich von Ort zu Ort, in kälteren Ländern gibt es kompakte Katzen und in wärmerem Klima sind die Tiere schlanker. Typische »östliche« Farben und Abzeichen kommen im Westen bei rasselosen Katzen kaum vor, obwohl entsprechende Gene mitunter von Rassekatzen auf Mitglieder von Katzenpopulationen übertragen worden sind.

Braungestromt und Weiß
In Eurpa verdrängten die gestromten Tabbys die getigerten von Platz eins. Man vermutet, dass die dunkler erscheinende Stromung in der Stadt eine bessere Tarnung darstellte als die heller wirkende Tigerung.

Rotgestromt und Weiß
Weil das Gen für Weißfleckung dominant vererbt wird, kommen zweifarbige Hauskatzen häufig vor.

Cremetabby
Bei den ersten Rassekatzen hat man das Creme oft als kümmerliches, zu warmtoniges Rot beklagt. Inzwischen sind die Rottöne weggezüchtet und es wurde eine blasse, kühle Fellfärbung erreicht.

Blau und Weiß
Blaue Katzen sind in vielen Gegenden Europas weit verbreitet. Aus solchen Beständen ist die Kartäuser (S. 218) herausgezüchtet worden. Das Blau der rasselosen Katzen ist häufig dunkler als das der Rassetiere. Die Augenfarbe ist bei Hauskatzen weniger intensiv.

KÖRPER DER KATZE

Die Katze ist ein fast perfekt gebautes Raubtier. Aufgrund ihres ausgewogenen Körperbaus und ihrer Beweglichkeit kann sie erfolgreich kleine Beutetiere fangen und vor größeren Fressfeinden fliehen. Das Zusammenwirken von Gehirn, Nerven und Hormonen funktioniert energiesparend, dennoch ist die Katze zu spontanen kraftvollen Aktivitäten fähig. Anatomisch gleicht die Hauskatze weitgehend ihren wild lebenden Verwandten. Die Ursachen für Gesundheitsprobleme sind bei normalen Hauskatzen Verletzungen oder Krankheiten, nicht aber Unzulänglichkeiten im Körperbau. Die inneren Organe und Körperfunktionen der Katze sind voll auf den Überlebenskampf ausgerichtet. Ihr Verdauungs-

Verängstigtes Jungtier
Wenn eine Katze Angst hat, legt sie die Ohren an.

EINFÜHRUNG 359

system macht es ihr möglich, länger als jedes andere Haustier ohne Nahrung auszukommen. Ihr einzigartiges Fortpflanzungssystem gewährleistet Jahr für Jahr erfolgreiche Paarungen.

Als einsame Jäger kommen Katzen sehr gut alleine zurecht. Doch ihre Unabhängigkeit geben sie bereitwillig auf, um sich vertrauensvoll dem Menschen oder Artgenossen anzuschließen. Das Eingreifen des Menschen in die Welt der souveränen Hauskatze führte zu einer Veränderung ihrer natürlichen Verhaltensweisen. Die Katze wurde geselliger und damit abhängiger vom Menschen. Ihr angeborener Jagdtrieb blieb jedoch erhalten. Auch an ihrem typischen Fortpflanzungsverhalten wird sich wohl nichts ändern.

Senkrechtes Klettern
Kräftige Beinmuskulatur, flexible Gelenke, ausfahrbare Krallen und ein ausgeprägter Gleichgewichtssinn ermöglichen der Katze dieses Klettern.

KATZEN-GENETIK

Das genetische Geschehen ist insgesamt sehr komplex, doch das Prinzip der Vererbung einzelner Merkmale lässt sich ganz gut nachvollziehen. Die Gene, die in jeder Körperzelle vorhanden sind, tragen alle lebensnotwendigen Informationen und die Vererbung folgt einfachen mathematischen Gesetzen. Jede Körperzelle der Katze enthält einen Zellkern, in dem 38 Chromosomen paarweise angeordnet sind. Jedes Chromosom besitzt die Form einer eng gewundenen Doppelspirale aus Desoxyribonukleinsäure (DNS). Diese besteht aus Tausenden von Genen, die wie Perlen aufgereiht sind. Jedes Gen ist aus vier Proteinen (A, T, C, G) gebildet, die gemeinsam die Informationen für alle Aspekte eines Katzenlebens beitragen.

Jedes Elternteil liefert eine Hälfte der Chromosome

Der Zellkern trägt alle Informationen, die für die Replikation der Zelle notwendig sind

KATZEN-GENETIK 361

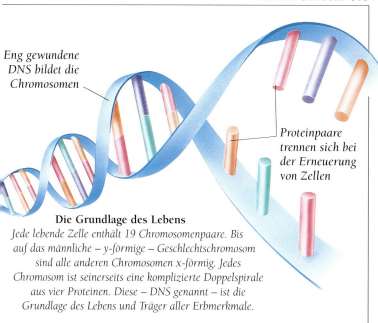

Eng gewundene DNS bildet die Chromosomen

Proteinpaare trennen sich bei der Erneuerung von Zellen

Die Grundlage des Lebens
Jede lebende Zelle enthält 19 Chromosomenpaare. Bis auf das männliche – y-förmige – Geschlechtschromosom sind alle anderen Chromosomen x-förmig. Jedes Chromosom ist seinerseits eine komplizierte Doppelspirale aus vier Proteinen. Diese – DNS genannt – ist die Grundlage des Lebens und Träger aller Erbmerkmale.

KOPIEN UND MUTATIONEN

Wenn eine Zelle – wie eine Hautzelle – ersetzt wird, werden jedes Mal ihre Chromosomen kopiert. Passend zu jedem einfachen Strang wird Ribonukleinsäure (RNS) erzeugt und als Schablone verwendet, nach der neue DNS aus Proteinen gebildet wird. Der Kopiervorgang ist so exakt, dass bei einer Million Kopien nur ein Fehler – also eine Mutation – in einem Gen vorkommt. Samen und Eizellen enthalten je nur 19 Chromosomen, jedes ist eine Hälfte eines Paares. Bei der Zeugung vereinigen sich diese zweimal 19 Chromosomen zu einem neuen Satz von 19 Paaren. Dabei ordnen sich auch die Gene nebeneinander an. Jedes Katzenjunge erbt also von jedem Elternteil jeweils eine Hälfte des genetischen Materials. Durch Fehler – Mutationen – in den Ei- oder Samenzellen entstehen neue Merkmale.

ALLELE

Spezielle Informationen über ein Merkmal sitzen immer an der gleichen Stelle auf jedem Chromosom eines jeden Chromosomenpaares. Dieser paarige Abschnitt wird als Allel bezeichnet. Wenn das Allel beidseitig identisch ist, sind die Anweisungen homozygot (ein- oder reinerbig), bei ungleichen Allelen sind sie heterozygot (misch- oder spalterbig).

Passendes Paar
Gene, die von beiden Eltern stammen und sich am gleichen Ort des Chromosomenpaares befinden, bestimmen das Erbmerkmal.

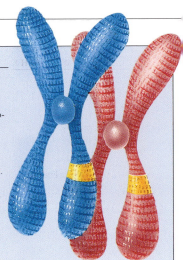

DOMINANTE UND REZESSIVE MERKMALE

Genetische Abweichungen bei Merkmalen, z. B. der Haarlänge, nennt man dominant, wenn für die Durchsetzung nur eine Kopie erforderlich ist. Rezessiv heißen sie, wenn zwei Kopien, auf jedem Chromosom in einem Paar, nötig sind. Ursprüngliche Merkmale sind meist dominant, neue Mutationen rezessiv. Katzen besaßen ursprünglich kurzes Fell – das Gen dafür wird mit *L* bezeichnet. Aber vor langer Zeit gab es eine Mutation, durch die ein rezessives Gen für langes Fell entstand, das *l* heißt. Eine Katze, die ein dominantes Merkmal zeigt, kann heterozygot sein und die rezessive Variante »verborgen« unter dem dominanten Merkmal tragen: Eine Katze mit einem rezessiven Merkmal muss in dieser Hinsicht homozygot sein, da sie keine Alternativen besitzt. Zwei heterozygote Kurzhaarkatzen – beide *Ll* mit dem rezessiven Gen für langes Haar – zeugen im Schnitt zwei *Ll*-Junge, ein *LL*- und ein langhaariges *ll*-Junges. Äußerlich ist nicht zu erkennen, welches der Tiere das *l*-Gen trägt, das Langhaar-Nachkommen bringt.

DAS MENDELSCHE VERERBUNGSMUSTER

Man hat mehrere wichtige äußere Merkmale der Katze identifiziert. Dominante Merkmale werden mit Großbuchstaben, rezessive mit Kleinbuchstaben gekennzeichnet.

Eine Kurzhaarkatze bekommt das Zeichen L, falls sie sich bei Testverpaarungen nicht als LL erweist, denn L muss nur einmal in einem Allel vorhanden sein.

A	Agouti oder Tabby
a	Nicht-Agouti oder Einfarbig
B	Schwarz
b	Braun oder Chocolate
b^l	Hellbraun oder Cinnamon
C	Voll pigmentiert oder einfarbig
c^b	Burmazeichnung oder Sepia
c^s	Siamzeichnung oder Abzeichen (Points)
D	Dichte, dunkle Farbe
d	Verdünnte, helle Farbe
I	Melanin-Inhibitor oder Silberung
i	Pigmente bis zur Wurzel
L	Kurzhaar

l	Langhaar
O	Orange oder geschlechtsgebundenes Rot
o	Melanistische, nicht-rote Farbe
S	Weiße Fleckung oder Bi-Colour (Zweifarbig)
s	Einheitliche Farbe auf dem ganzen Körper
T	Gestreift oder getigert
T^a	Abessinier-Tabby oder Ticking (Bänderung)
t^b	Gestromt
W	Weiß dominant über alle Farben
w	Normalfarben

Das Diagramm zeigt, wie sich (im Durchschnitt) Lang- und Kurzhaarmerkmale vererben.

$LL = ll$

Ll Ll Ll $Ll = Ll$

$Ll = ll$ Ll Ll LL

Ll Ll ll ll

DER GRÜNDEREFFEKT

Hunderttausende von Jahren lang war das Fell der afrikanischen Vorfahren der heutigen Hauskatzen fast ausschließlich kurzhaarig und gestreift oder gestromt. Nur einige wenige Jahrtausende dauerte es, bis unter den Katzen, die in andere Länder gelangten, Hunderte von Fellfarben, -mustern und -längen auftauchten. In der großen Katzenpopulation Nordafrikas hatte eine zufällige Genmutation nur wenig Chancen sich zu verbreiten, wenn sie der Katze keinen deutlichen Vorteil brachte. Die meisten Mutationen verschwanden nach recht kurzer Zeit wieder. In isoliert lebenden Katzenpopulationen haben Mutationen bessere Überlebenschancen. Die orange-weißen Katzen in Skandinavien sowie die mehrzehigen Katzen von Boston, USA, und Halifax, Kanada, sind Mutationen. Bringt man solche Tiere in Gebiete ohne oder nur mit wenigen Katzen, dann stellen sie einen erheblichen Prozentsatz eines kleinen Genpools dar.

Den genetischen Langzeiteinfluss der frühen Mitglieder einer Katzenpopulation bezeichnet man als Gründereffekt. Die Gründer üben einen großen Einfluss auf eine neue Population aus. Deshalb überwiegen in manchen Ländern bestimmte Muster oder Farben. Was kennzeichnet eine Rasse? Aus genetischer Sicht gibt es sie gar nicht. Ein Beispiel zur Begründung: Die DNS-Profile zweier Siamkatzen können sich stärker unterscheiden als die einer Siam- und einer Perserkatze. Definiert wird eine Rasse lediglich über die Fellfarbe oder Haarlänge und Körperbau oder ähnliche auffällige Punkte.

RASSEN UND ERBKRANKHEITEN

Die Züchter wenden die Vererbungsgesetze an, um bestimmte Merkmale, wie Farbe oder Körpertyp, zu selektieren. Leider können dabei unabsichtlich versteckte, gefährliche Gene ins Spiel kommen. Dies kann dann Erbkrankheiten zur Folge haben. So leiden manche der Perserkatzen unter einer polyzystischen Nierenkrankheit, die Devon

Rex kann Muskelleiden haben. Im Rahmen der natürlichen Auslese werden solche schädlichen Gene nach dem Prinzip »nur der Stärkste überlebt« aus dem Genpool entfernt oder deutlich reduziert. Bei der künstlichen Auslese, der Zucht, bleiben sie häufig erhalten und werden weitervererbt – das größte genetische Problem bei Katzen.

Das National Cancer Institute in den USA untersucht mithilfe eines Gen-Aufzeichnungsprogramms die Katzen-Genetik genauer. Mit dem von Alex Jeffreys in England entwickelten »genetischen Fingerabdruck« lässt sich mittels DNS-Probe bei Menschen leicht die Vaterschaft feststellen. Da Rassekatzen oft eine sich ähnelnde DNS haben, kann ein genetisches Profil nur eine Vaterschaft ausschließen, aber nicht bestimmen. Da bei Hauskatzen die Zufallspaarungen überwiegen, wird bei ihnen weiterhin die natürliche Auslese greifen.

Mehrzehige Katze
Mindestens zwei Gene sind für die Polydaktylie (Mehrzehigkeit) verantwortlich. Diese trat unter den ersten Katzen, die nach Boston und Halifax gelangten, häufig auf. Dort kommt dieses Merkmal öfter vor als sonstwo auf der Welt.

FELLFARBEN

Das ursprüngliche Fell der Katze bestand aus gebänderten Agoutihaaren, die in der natürlichen Umgebung eine gute Tarnung bildeten. Die erste Mutation dieser Wildfarbe führte vermutlich zu dem einheitlichen Schwarz, das auch bei Großkatzen (z. B. dem Panther) zu finden ist. Rot, Weiß und eine Vermischung der reinen Farben folgten. Diese wenigen genetischen Veränderungen schufen den Rahmen für die heutige Farbenvielfalt.

FELLFARBEN 367

Natürliches Merkmal
Verdünnte einheitliche Farben (immer reinerbig) sind Kennzeichen einiger Rassen, die auf natürliche Weise entstanden sind, z. B. die Russisch Blau.

Pigmentierung

Alle farbigen Haare enthalten die beiden Bestandteile von Melanin in unterschiedlichen Mengen: Eumelanin bewirkt Schwarz und Braun, während Phenomelanin Rot und Gelb erzeugt. Alle Farben beruhen auf dem Fehlen oder Vorhandensein dieser Pigmentstoffe im Schaft eines jeden Haares. Pigment wird in Hautzellen, die man Melanozyten nennt, produziert. Die Verteilung dieser Zellen ist genetisch festgelegt. Katzen mit einheitlichem Nicht-Agoutihaar werden als einfarbig bezeichnet. Die Einfarbigkeit ist rezessiv, das bedeutet, die Katze muss zwei Nicht-Agoutigene tragen (S. 362–363), damit das »echte« ursprüngliche Tabbymuster (S. 374–377) verdeckt wird.

Getarnt
Schwarz ist die dominanteste Farbe des Eumelanins. Es wird getarnt oder maskiert durch Weiß oder Rot und maskiert seinerseits die Erbanlagen für andere Fellfarben.

Farbdichte

Einige Katzen haben kräftig gefärbtes einfarbiges Fell. Dazu gehören Farben wie Schwarz, Chocolate, Cinnamon und das geschlechtsgebundene Rot. Derartig gefärbte Tiere besitzen wenigstens eine Kopie des Gens für Farbdichte (*D*), das dominant ist und sicherstellt, dass jedes Haar vollgepackt ist mit unzähligen Pigmentkörnchen, die eine intensive Farbe ergeben. Andere Katzen tragen hellere – verdünnte – Farben, z. B. Blau, Lilac oder Fawn. Diese Katzen haben zwei Kopien des Verdünnungsgens (*d*), das rezessiv ist und zu weniger Pigmentkörnern und damit zu einem helleren Ton der dichten Farbe führt. Einige Züchter glauben, es existiere ein Modifizierungsgen (D^m), das über das Gen *d* dominiert, aber an einer anderen Stelle des Chromosoms sitzt und so mit *d* »agieren« kann. Eine Katze mit beiden Merkmalen – *dd* und D^m – hat die »modifizierte« Farbe Blau.

Katzenfarben

Dicht	Verdünnt	Modifiziert
Schwarz *B– D–*	Blau *B–dd*	Caramel *B– $d^m d^m$*
Chocolate *bb D–*	Lilac und Lavender *bb dd*	Caramel *bb $d^m d^m$*
Cinnamon *$b^l b^l$ D–*	Fawn *$b^l b^l$ dd*	Braun/undefiniert *$b^l b^l$ $d^m d^m$*
Rot *D– O/O(O)*	Creme *dd O–/O(O)*	Apricot *$d^m d^m$ O–/O(O)*
Chocolate-Tortie *bb D– Oo*	Lilac-Tortie und Lilac-Creme *bb dd Oo*	Caramel-Tortie *bb $d^m d^m$ Oo*
Cinnamon-Tortie *$b^l b^l$ D– Oo*	Fawn-Tortie *$b^l b^l$ dd Oo*	Tortie/undefiniert *$b^l b^l$ $d^m d^m$ Oo*
Schildpatt (Tortie) *B– D– Oo*	Blau-Tortie und Blau-Creme *B–dd Oo*	Caramel-Tortie *B– $d^m d^m$ Oo*

FELLFARBEN 369

Rote Burma
Ein geschlechtsgebundenes Rot existierte auch im fernen Osten. Das Rot der heutigen Burma wurde jedoch im Westen neu geschaffen.

ROT – GESCHLECHTSGEBUNDEN

Dass das Gen für Rot und Orange bei Katzen auf dem geschlechtsbestimmenden X-Chromosom liegt, gilt als bewiesen. In seiner dominanten Form (*O*) ergibt es Rot, in der rezessiven Form (*o*) lässt es jede andere Farbe durchscheinen. Ein Kater (männlich = XY-Chromosomen) kann stets nur eine Kopie des Gens besitzen. Hat er ein *O*, so ist er rot. Mit einem *o*, trägt er irgendeine andere Farbe. Aufgrund ihrer XX-Chromosomen-Kombination kann die Kätzin über zwei Kopien des Gens verfügen (zwei Kopien von *O* = Rot, zwei Kopien von *o* = andersfarbig). Oo ergibt Schildpatt (Tortie) – diese mosaikbildende Kombination besitzt eine Wechselwirkung mit allen anderen farbbestimmenden Genen, daher gibt es Torties in allen einheitlichen (einfarbigen) und verdünnten Farben.

Östliche und westliche Farben

Die traditionellen westlichen Fellfarben sind Schwarz und seine Verdünnung Blau sowie Rot und seine Verdünnung Creme, außerdem Zweifarbig (Bi-Colour) und Weiß. Westliche Rassen hatten anfangs nur diese Farben, z. B. die Britisch, Amerikanisch und Europäisch Kurzhaar (*S. 164, 190 und 212*), die Maine Coon (*S. 46*) und die Norwegische Waldkatze (*S. 58*). Einige Rassen tragen sogar noch exklusivere Farben. z. B. die Türkisch Van (*S. 86*), die nur zweifarbig (Rot-Creme) auftritt. Es werden jetzt jedoch auch andere Farben gezüchtet und von großen Dachverbänden, wie der FIFé, anerkannt.

Van-Muster
Ursprünglich auf die Katzenpopulationen des Mittelmeerraumes beschränkt, ist dieses Muster heute bei Rassekatzen weit verbreitet.

Die traditionellen östlichen Fellfarben sind Chocolate und seine Verdünnung Lilac, außerdem Cinnamon und seine Verdünnung Fawn. Inzwischen sind die Farben von einer Rassengruppe auch auf andere übertragen worden. In Großbritannien werden Britisch Kurzhaar in östlichen Farben anerkannt und Burmesen (S. 262) züchtet man heutzutage häufig im »westlichen« Rot oder Creme.

WEISS UND ZWEIFARBIG (BI-COLOUR)

Weiß dominiert über alle anderen Farbgene. Dies trifft auf einfarbig Weiß (W) genauso zu wie für die Weißfleckung (S), durch die zweifarbiges Fell entsteht. Im Gegensatz zu allen anderen Haaren enthält weißes Haar keinerlei Pigmente. Doch genetisch gesehen, ist auch eine reinweiße Katze farbig und gibt dieses Farbpotenzial an ihre Nachkommen weiter. Weiße Katzen tragen das dominante W-Gen, das keine anderen Farben zulässt. Oft kommt eine verdeckte Farbe auf dem Kopf neugeborener Katzen zum Vorschein (Kätzchenkappe). Wenn das Kätzchen heranwächst, macht der Farbfleck dem weißen Fell Platz. Die gefürchtete Taubheit weißer Katzen bringt man mit den W- und S-Genen in Verbindung. Bei weißen Katzen mit blauen Augen tritt sie häufiger auf als bei jenen mit gelben oder orangefarbenen Augen. Albino-Weiß ist äußerst selten. Albinos haben keine Pigmente in den Augen, die daher rosa sind.

Bi-Colour-Katzen sind weiß mit Farbflecken – Tortie mit Weiß wird als zwei- oder dreifarbig eingestuft. Die Standard-Bi-Colour soll zu einem Drittel bis zur Hälfte weiß sein, wobei das Weiß sich auf die Beine und den Unterbauch konzentriert. Das ursprünglich nur der Türkisch Van vorbehaltene Van-Muster besteht vorwiegend aus Weiß, mit einfarbigen oder Tortie-Flecken an Kopf und Schwanz. Eine Theorie besagt, dass diese Katzen zweimal das Gen S für weiße Flecken tragen und daher so ausnehmend viel Weiß besitzen.

Farbstandards

Obwohl es nur wenige Gene gibt, die für einfarbiges Fell zuständig sind, erschweren die Zuchtverbände die Angelegenheit, weil sie die gleiche genetische Farbe, je nach Katze, unterschiedlich bezeichnen. Lilac wird von manchen nordamerikanischen Verbänden Lavender genannt. Schwarze Orientalisch Kurzhaar (S. 292) nennt man auch Ebony, der Farbschlag Chocolate dieser Rasse heißt in Europa meist Havanna und in Nordamerika Chestnut. Und bei der Havanna Brown (S. 228) sieht der Chocolate-Farbschlag eher wie Cinnamon aus und wird mancherorts Chestnut genannt. Rot wird häufig als einfarbig Rot eingestuft (red selfs), da die Unterscheidung zwischen diesem einfarbigen roten Farbschlag und roten Tabbys oft schwierig ist. Tortie-

Reifende Farben
Viele einfarbige Katzen, vor allem rote, haben in ihrer Jugend ein Tabbymuster (Geisterzeichnung genannt), das später verschwindet.

Mosaikfärbung

Schildpatt und Weiß zeigt meist große, deutlich abgegrenzte schwarze und rote Flecken. Dies hängt vermutlich mit dem Fleckungsgen S zusammen, denn einheitliches Schildpatt weist in der Regel eine gleichmäßig verteilte Farbmischung auf.

und-Weiß-Katzen nennt die CFA Calicos, wegen der Ähnlichkeit mit dem Kalikostoff. Viele Standards verlangen, dass die Farbe des Nasenspiegels, der Lippen und der Pfotenballen mit der Fellfarbe harmonieren: Rosa bei weißen Katzen, Schwarz bei schwarzen, Blau bei blauen, Rosa bis Ziegelrot bei roten. In manchen Fällen allerdings hängen diese »Farbwünsche« von der jeweiligen Rasse ab oder mitunter sogar von den Entscheidungen einzelner Zuchtverbände.

Fellmuster

Trotz der außergewöhnlichen Vielfalt an Farbtönen und Fellmustern sind alle Katzen verkleidete Tabbys. Genau wie selbst die verwöhnteste Schmusekatze die Eigenschaften ihrer wilden Vorfahren immer in sich trägt, schlummert das Tabbymuster in jeder Katze. Es erinnert an die Ursprünge der Katze, zu der sie jederzeit wieder zurückkehren kann.

Durch Auslesezucht werden von den Züchtern Fellmuster, wie Flecken, Abzeichen, Bänderung, gezielt gefördert oder sogar neu geschaffen. Dies wird möglich durch Mutationen in der Vererbung des Fellmusters. Solche genetischen Veränderungen gefährden in der freien Wildbahn die Tarnung erheblich. Doch seit die Katze in Menschenobhut lebt, spielt das Fellmuster als Schutzfaktor keine Rolle mehr.

»Verkleideter« Tabby
In jeder einfarbigen Katze steckt das Tabbymuster. Verpaart man sie mit einem Tabby, sind unter den Nachkommen mit Sicherheit einige Tabbys.

FELLMUSTER 375

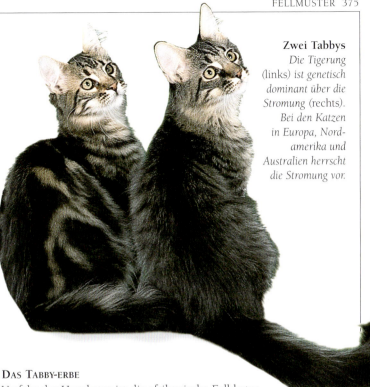

Zwei Tabbys
Die Tigerung (links) ist genetisch dominant über die Stromung (rechts). Bei den Katzen in Europa, Nordamerika und Australien herrscht die Stromung vor.

DAS TABBY-ERBE

Vorfahr der Hauskatze ist die afrikanische Falbkatze, deren Streifenmuster in allen Lebenslagen beste Tarnung bot.

Dieses ursprüngliche, genetisch dominante Tabbymuster tragen alle Hauskatzen in ihrem Erbgut. Der Tarneffekt beruht auf den Haaren zwischen den Tabbystreifen oder -flecken: Das Einzelhaar ist an der Basis hell und an der Spitze dunkel. Diese Bänderung (Ticking) kommt auch bei anderen Felltieren vor, z. B. bei den Eichhörnchen, Mäusen sowie den Agoutis, die der Wildfarbe den Namen gaben. Die Bänderung ergibt einen »Pfeffer- und Salz-Effekt«, der zusammen mit dem Tabbymuster die Katze mit Umgebung verschmelzen lässt.

DOMINANTE FELLMUSTER

Alle Katzen erben das Tabbygen in irgendeiner Form, auch die mit einfarbigem Fell. Dieses Agouti-Gen – *A* genannt – ist dominant. Jede Katze, die das *A* von wenigstens einem Elternteil erbt, hat ein gemustertes Fell und wird mit *A–* bezeichnet. Einfarbiges Fell gibt es, weil eine genetisch rezessive Alternative zu Agouti besteht, die Nicht-Agouti oder *a* genannt wird. Katzen, die *a* von beiden Eltern erben (*aa–*), zeigen eine gleichmäßige Farbe, doch eine Form des Tabbymusters ist verdeckt vorhanden. Diese Geisterzeichnung zeigt sich meist bei den Jungtieren und verschwindet häufig mit der Zeit.

Man unterscheidet bei Katzen vier Tabby-Grundformen: getigert (mackerel), gestromt (classic oder blotched), getupft (spotted) und Ticking oder getickt bzw. Agouti oder Abessiniertabby (ticked bzw. Abyssinian). Alle vier sind Varianten des dominanten Tabbygens.

Muster im Muster
Eine Tabbyzeichnung zusammen mit einem Schildpattmuster ergibt eine komplexe Fellfärbung.

Neue Tupfen
Fellzeichnungen neuer Rassen, wie hier bei der Ocicat, imitieren oft die Muster wild lebender Groß- oder Kleinkatzen. Den Erbgang dieser Muster kennt man noch nicht.

FÄRBUNG

Beim getigerten Tabby verlaufen die schmalen, parallel angeordneten Streifen von der Wirbelsäule über die Flanken zum Bauch. Bis vor wenigen Jahrhunderten überwog dieses Muster in Europa. Es wurde schließlich von der gestromten Form verdrängt. Die Streifen des gestromten Tabbys sind breit und bilden an den Flanken Wirbel, deren Form an das kreisförmige Muster einer Austernschale erinnert.

Bei Tabbys mit Ticking zeigen sich markante Abzeichen nur auf Kopf, Beinen, Schwanz und Körper. Dieses Fellmuster scheint sich mehr in östliche Richtung nach Asien hinein ausgebreitet zu haben und weniger nordwärts nach Europa. Katzen mit ursprünglichem Ticking findet man auf Sri Lanka, in Malaysia und Singapur.

Das Muster der getupften Tabbys entsteht, wenn die Tabbystreifen aufgebrochen werden. Bei vielen europäischen und amerikanischen Rassen laufen die Tupfen entlang der »Tigerstreifen«. Die Tupfen der Ocicat (S. 338) bilden ein klares Fleckenmuster, während sie z. B. bei der Ägyptisch Mau (S. 332) eher willkürlich gesetzt wirken.

Abzeichen
Die Gene für Abzeichen interagieren mit allen anderen Farben- und Mustergenen.

COLOURPOINT-MUSTER

Das *l*-Gen ist nicht das einzige Gen, das Farben einschränkt. Points (Abzeichen) tragende Katzen sind am Körper hell und haben an Ohren, Füßen, Schwanz und Nase dunkle Abzeichen. Bei Katern ist auch das Fell am Hodensack dunkler. Verantwortlich für dieses Muster ist ein wärmeempfindliches Enzym in den Pigmentzellen der Katzenhaut. Die normale Körpertemperatur verhindert die Pigmentbildung fast am ganzen Katzenkörper, aber an den Points, wo die Temperatur niedriger ist, aktiviert das Enzym die Farbproduktion.

Points können bei jeder Farbe und bei jedem Muster auftreten. Da die Färbung mit der Temperatur zusammenhängt, werden die Jungen weiß geboren, sind Katzen in kälteren Regionen dunkler als in den warmen Teilen der Welt und jede Katze dunkelt mit dem Alter nach. Bei der Siam (*S. 280*) mit ihrem hellen Körper und den dunklen Points tritt die Abzeichenfärbung am kontrastreichsten zu Tage. Bei der Burma (*S. 262*) zeigt sich dieser Kontrast sehr viel schwächer.

FELLMUSTER

EINFARBIG
(*aa*, Nicht-Agouti)

TABBY
(*A–*, Agouti)

Alle Katzen tragen ein Tabbymuster: getigert (*T–*), Ticking (*T^a–*), gestromt (*t^bt^b*) oder ein noch nicht definiertes anderes Muster. Das *aa*-Allel maskiert die Tabbymuster: Melaninpigment füllt das ganze Haar aus, sodass die Katze einfarbig oder schildpattfarben erscheint. Das Allel *A–* bringt das Muster zum Vorschein. Bei geschlechtsbezogenen Farben spielt es keine Rolle, ob eine Katze *aa* oder *A–* ist. Hier beruht der Unterschied zwischen einfarbigen und Tabbykatzen auf polygenetischen Effekten, die den Ausprägungsgrad der Abzeichen bestimmen

SMOKE (*aa I–*, schattiert Nicht-Agouti)

SILBER-TABBY, SCHATTIERT, TIPPING
(*A– I–*, schattiert Agouti)

Das Inhibitorgen *I* hemmt die Farbproduktion. Bei Nicht-Agoutikatzen sind lediglich die Haarwurzeln weiß, bei Agoutikatzen ist der Haarschaft stärker gefärbt. Der Unterschied zwischen schattierten einfarbigen und Silber-Tabbys wird von den polygenetischen Effekten bestimmt, die vermutlich auch schattiertes und getipptes Fell differenzieren (obwohl hier manche glauben, es gäbe ein »Breitband-Inhibitorgen«).
Bei dem geschlechtsbezogenen Rot sind die Unterschiede zwischen dem smokefarbenen, schattierten Silber-Tabby und den Katzen mit Tipping alle polygenetisch bedingt.

SIAM
(*c^sc^s*, Abzeichen)

BURMA
(*c^bc^b*, Sepia)

TONKINESE
(*c^bc^s*, Mink)

Im Prinzip handelt es sich hier um Abzeichenmuster, die alle wärmempfindlich sind. Die gesamte Farbe (bei der Siam) oder die kräftigste Farbe (bei der Burma) konzentriert sich auf die kühleren Abzeichen (Points). Außerdem ist die Farbe leicht abgeschwächt bzw. aufgehellt. Schwarz wird bei der Siam zu Seal, bei der Burma zu Sable. Die Tonkanese verfügt nicht über ein eigenes Gen. Ihre schwache Pointfarbe ist eine Hybridform von Abzeichen- und Sepiagenen. Sie bringt immer Varianten dieser Muster sowie ihr eigenes Minkmuster hervor.

GESICHTSFORM UND KÖRPERBAU

Da zahlreiche Katzenrassen vergleichbare Fellfarben und -muster aufweisen, zieht man diese Merkmale selten zur Bestimmung einer Rasse heran. Ausschlaggebend dafür sind meist der Körperbau und die Gesichtsform. Auch auffällige Merkmale, wie Schwanzlosigkeit oder Faltohren, gehören zu den Bestimmungskriterien. Eine Rolle spielen auch Wesen und Persönlichkeit der Vertreter einer Rasse. Schlanke, lang gestreckte Katzen sind meist lebhafter und extrovertierter als kompaktere, muskulöse Tiere. Geografisch betrachtet, folgen diese Unterschiede im Rassetyp einem West-Ost-Pfad: Im Westen überwiegen kompakte, rundliche Typen, in östlichen Regionen herrschen geschmeidige, sehnige Tiere vor.

»Altmodisches« Gesicht
Die Chinchilla blieb von der radikalen Gesichtsverkürzung der Perser verschont. In Südafrika gibt es für sie einen eigenen Standard, der eine längere Nase erlaubt.

Perser-Gesicht
Wie flach das rassetypische Gesicht einer Perserkatze sein sollte, wird von den Zuchtverbänden unterschiedlich festgelegt.

RASSEUNTERSCHIEDE
Die unterschiedlichen Rassen sind aus natürlichen Varianten der Mitglieder frei lebender Katzenpopulationen erzüchtet worden. Geprägt wurden diese ursprünglichen Typen weitgehend von den Lebensbedingungen ihres Verbreitungsgebietes. So ist der Typ einer Rasse oft ein guter Hinweis auf den geographischen Ursprung der Rasse.

Nicht die Norm
Die Scottish Fold wird durch ein einziges auffälliges Merkmal gekennzeichnet: ihre Faltohren. Die Zuchtverbände legen größten Wert auf die Unverwechselbarkeit der Rasse.

KATZEN AUS KALTEN REGIONEN

Die natürliche Auslese führte in kaltem Klima zu den schweren und kompakten Katzentypen. Die Merkmale dieser »natürlichen Rassen« sind: großer, runder Kopf, verhältnismäßig kurze, breite Schnauze, muskulöser Körper mit einer breiten Brust, kräftige Beine und runde Pfoten sowie ein kurzer bis mittellanger, dicker Schwanz. Kurzhaarige Beispiele für diese gedrungenen Katzen sind die Britisch und die Amerikanisch Kurzhaar (S. 164 und S. 190), außerdem die recht stämmige Kartäuserkatze (S. 218). Die Scottish Fold (S. 186), die aus der Britisch Kurzhaar hervorgangen ist, weist als offensichtliches Unterscheidungsmerkmal nur ihre anormalen Ohren auf. Man verwendete Amerikanisch Kurzhaar, um die American Wirehair (S. 196) zu züchten. Inzwischen hat diese Rasse ihr Erscheinungsbild verändert und wirkt Stück um Stück immer »asiatischer«. Die Entwicklung der Manx (S. 176) verlief parallel zu jener der Britisch Kurzhaar; sie scheint noch schwerer zu sein als ihre enge Verwandte.

Die ursprünglichen Langhaarkatzen, die Perser (S. 16) waren ebenfalls untersetzt und muskulös. Dank dieser Eigenschaften konnten sie in den rauen Wintern des Hochgebirges in der Türkei, im Iran und

GESICHTSFORM UND KÖRPERBAU

im Kaukasus überleben. Die Rasse verfügt noch heute über ihren ursprünglichen kräftigen Körper. Für andere, neue Merkmale – wie das flache Gesicht – sorgten die Züchter in jahrzehntelanger Auswahlzucht. Was das Gesicht der Perser betrifft, schossen sie über das Ziel hinaus, denn ständiger Tränenfluss und Atembeschwerden sind die Folgen eines extrem verkürzten Gesichts. Andere robuste und kräftig gebaute Langhaarkatzen entwickelten sich im kalten Klima des Nordens. Die Norwegische Waldkatze (S. 58), die Sibirische Waldkatze (S. 64) und die Maine Coon (S.46) entstanden aus Bauernkatzen, die eisigem Wind und lang anhaltendem kaltem Wetter trotzen mussten.

Niedrige Herkunft

Die Vorfahren der Britisch Kurzhaar mussten sich als Mäusefänger in den Straßen der Großstadt durchschlagen. Demzufolge entwickelten sie einen robusten Körper und ein Fell, das im feuchtkalten Winter einen guten Wärmeschutz bot. All dies ist der heutigen Rasse zu Gute gekommen.

Fernöstliche Rassen

Am schlankesten sind die fernöstlichen (orientalischen oder »asiatischen« Rassen. Die meisten entwickelten sich in warmem Klima, wo es wesentlich wichtiger war, Körperwärme abzugeben, als sie zu speichern. Um die größtmögliche Körperoberfläche zur Abgabe überflüssiger Hitze zu erzielen, entstanden große Ohren, ein keilförmiger Kopf, feingliedrige Beinen, ein schlanker Körper und ein langer, dünner Schwanz. Dieser Körperbautyp besitzt meist ovale, schräg gestellte Augen. Das klassische Beispiel dafür ist die Siam (*S. 280*).

Manche behaupten, dass die Siam nicht immer ihr gegenwärtiges Aussehen hatte und dass westliche Klischeevorstellungen von orientalischer Zartheit für ihre jetzige Körperform verantwortlich ist. Letzteres könnte auch auf die Japanische Stummelschwanzkatze zutreffen, die in Japan viel

Blick nach Osten
Die Devon Rex entstand in England, ist in Nordamerika besonders beliebt und sieht aus wie eine »Asiatin«. Ihr feingliedriger Körperbau ist gewiss nicht typisch eine englische Katze.

GESICHTSFORM UND KÖRPERBAU 385

Warmwetterkatze
Asiatische Rassen wie die Siam haben von Natur aus einen leichten Körperbau. Doch die moderne Siam ist wesentlich zierlicher als ihre frei laufenden Verwandtschaft in Thailand.

stämmiger ist als in Nordamerika, wo man ein »orientalisches«, zartes Aussehen erzüchtete. Auch mit neueren Rassen versucht man, den »asiatischen Typ« zu kopieren. Dazu gehört die Orientalisch Kurzhaar (S. 292), die im Westen geschaffen wurde, nachdem abzeichenlose Kurzhaarkatzen aus Südostasien innerhalb der ursprünglichen Siam-Importe ausstarben. Die Sehnsucht nach fernöstlichen Katzentypen spiegelt sich auch in anderen westlichen Rassen – wie Cornish Rex (S. 312) oder Devon Rex (S. 318) – wider. Nach wie vor ist die Siam populär, auch wenn ihr modernes extremes Aussehen vielen nicht gefällt. Gute Chancen auf große Beliebtheit hat die gemäßigter aussehende Tonkanese (S. 274), sie ist eine Siam-Burma-Kreuzung.

Transatlantischer Kontrast
Im Gegensatz zu ihrer rundlich wirkenden amerikanischen Cousine wirkt die europäische Version der Burma wie eine zarte Elfe.

SEMI-FOREIGN-RASSEN

Eine andere Gruppe von Katzen lässt sich auf Grund ihrer Körpermerkmale zwischen die muskulösen Katzen des nördlichen Europas und die sehnigeren Katzen aus dem warmen Klima Afrikas und Asiens stellen. Diese schlanken, aber muskulösen Katzen werden oft als »semi-foreign« (halb-fremdländisch) bezeichnet. Dazu zählen Rassen wie die Türkisch Angora (S. 100), die Russisch Blau (S. 224) und die Abessinier (S. 232). Typisch für diese Katzen sind leicht ovale, schräg gestellte Augen, ein leicht keilförmiger Kopf, schlanke, aber muskulöse Beine, runde Pfoten und ein langer, sich verjüngender Schwanz. Eine Reihe neuer Rassen wurde aus den originalen Semi-Foreign-Katzen entwickelt. Einige haben lediglich neue Farben oder eine andere Felllänge als ihre Ausgangsrasse, beispielsweise die Nebelung (S. 96) sowie die umstrittenen Russisch Schwarz und die Russisch Weiß (S. 224). Die große Beliebtheit der eleganten Somali (S. 106) scheint den Trend zu den Semi-Foreigns zu bestätigen.

Neue Erscheinungsbilder?

Die Versuche, Katzen größer oder kleiner zu züchten, führen nur zu einem kurzfristigen Erfolg. Schon in der nächsten Generation haben die Tiere wieder normale Hauskatzengröße. Im Gegensatz zu Hunden scheint die Katze eine genetisch vorbestimmte Größe zu besitzen. Nur die sehr umstrittene Kreuzung mit einer anderen Art könnte daran etwas ändern. Von der Norm abweichende Merkmale sind oft Missbildungen, die wie bei der schwanzlosen Manx lebensgefährliche Leiden nach sich ziehen. Die Hauskatze hat sich in Hunderttausenden von Jahren buchstäblich zur Perfektion entwickelt. Das Eingreifen von Züchtern, das solch eine Fehlerlosigkeit bedroht, ist anmaßend und durch nichts zu rechtfertigen.

Amerikanische Moden
In Nordamerika ist die Burma rundlicher, was besonders bei der Kopfform auffällt.

AUGENFORM UND AUGENFARBE

Katzen haben im Verhältnis zur Kopfgröße ungewöhnlich große Augen. Es handelt sich dabei um die Proportionen, die bei den meisten Tieren, wie auch beim Menschen, im Lauf der Kinderzeit vorherrschen. Dieses als »Kindchenschema« bekannte Phänomen fördert ohne Zweifel unsere Bereitschaft, uns um junge Tiere zu kümmern – und Katzen profitieren davon. Viele Züchter mühen sich ab, um eine ganz bestimmte Augenfarbe zu schaffen. Katzenjunge kommen mit blauen Augen auf die Welt, aber mit der Zeit ändert sich die Farbe. Erwachsene Katzen haben kupferfarbene, orangefarbene, gelbe oder grüne Augen. Einige behalten die blaue Farbe, dank bestimmter Gene für Fellfarben. Manche Katzen zeigen als Jungtiere ihre lebhafteste Augenfarbe, während andere ihre schönste Farbe erst nach einigen Jahren bekommen.

KUPFERFARBEN

GOLDFARBEN

Gelbe Augen

Augen in Gelbtönen kommen den Augen wild lebender Katzen am nächsten. Manche grünen Augen sind in der Jugend der Katze braun oder gelb und nehmen das Grün erst an, wenn die Katze ausgewachsen ist. Kupferfarbene Augen können im Alter verblassen. Goldgelbe Augen erscheinen je nachdem, wie das Licht auf sie fällt, in unterschiedlichen Tönungen.

Augenformen

Die Augen von Wildkatzen sind oval und leicht schräg gestellt. Jene Rassen, die den »natürlichen« Katzen nahe stehen, wie die Maine Coon (S. 46), besitzen diese »wilden« Augen. Die natürliche Form wurde auf zwei Arten verändert: Die Augen können runder oder noch schräger gestellt sein. Meist verfügen alte westliche Rassen, wie die Kartäuser (S. 218), über runde, hervortretende Augen. Einige östliche Katzen, wie die Burma (S. 262), haben ebenfalls runde Augen, aber die meisten asiatischen Rassen zeigen mandelförmige Augen. Extreme Formen, wie bei der Perserkatze, können gesundheitliche Probleme hervorrufen.

Braun

390 KÖRPER DER KATZE

Haselnussfarben

REINES GRÜN

MEERGRÜN

Grüne Augen
Grüne Augen kommen häufig bei rasselosen Katzen vor. Reine Grüntöne sind markante Kennzeichen einiger Rassen.

AUGENFARBEN

Wildkatzen haben haselnussbraune oder kupferfarbene Augen, manchmal mit einer Tendenz nach Gelb oder Grün. Durch die Zucht ist bei den Hauskatzen eine ganze Farbpalette entstanden, vom blitzenden Blau bis zum Orange. Meist wird die Augenfarbe nicht von der Fellfarbe abhängig gemacht, wobei einige Rassestandards die beide Merkmale durchaus verbinden. Oft müssen Silber-Tabbys grüne Augen haben, aber genetisch könnten sie genauso gut kupfer- oder goldfarbene Augen besitzen.

Blau ist die einzige Augenfarbe, die unmittelbar mit der Fellfarbe zusammenhängt. Blaue Augen entstehen durch eine Form von Albinismus, der zu einem Pigmentmangel im Fell und in der Iris führt. Dies kann bei Katzen mit einem hohen Weißanteil im Fell vorkommen. Blauäugige Katzen mit weißem Fell sind häufig taub, weil das Gen, das den Pigmentmangel hervorruft, auch dazu führt, dass die Flüssigkeit im Corti-Organ (Schallrezeptor in der Ohrschnecke) eintrocknet und so zur Taubheit führt. Die blauen Augen der Siam (S. 280) sind nicht mit Taubheit verbunden, aber eventuell mit schlechtem Sehen. Um dies auszugleichen, schielten die frühen Siams häufig. Das Schielen wurde weggezüchtet, ohne merkbare Beeinträchtigung des Sehvermögens. Es existiert mindestens ein weiteres, seltenes Gen für blaue Augen, das bei jeder Fellfarbe auftreten kann. Es wurde in den 1960er Jahren in Großbritannien bei einigen Katzen entdeckt und später auch in Neuseeland sowie in den USA festgestellt. Die Erbanlagen dieser seltenen Katzen, die man heute Ojos Azules nennt, werden noch erforscht.

Blaue Augen

Durch den Pigmentmangel in blauen Augen wird mehr Sonnenlicht absorbiert, was den Körper anregt, Vitamin C zu bilden. Daher findet man in lichtarmen Regionen häufig Katzen mit blauen Augen. Die Intensität und der Ton des Blaus der Augen variiert beträchtlich.

Birmablau

SIAMBLAU

BABYBLAU

Register

Fett gedruckte Seitenzahlen verweisen auf die ausführlichen Beschreibungen der Rassen

Ä
gypten 332
Abessinien 237
Abessinier 15, 137, 106, **232–237**, 244, 301, 338, 341, 386
Agouti 366, 367
Ägyptisch Mau 293, **332–337**
Allele 14, 362
American Bobtail **350–353**
American Cat Club 7
American Curl **70–73**, **200–203**
   Langhaar **70–73**
   Kurzhaar **200–203**
American Wirehair **196–199**, 382
Amerikanisch Kurzhaar 8, 160, 188, **190–195**, 208, 252, 253, 330, 341, 370, 382
Amerikanische Burma **262–267**, 268, 271, 274, 276, 387
   (siehe auch Burmkatze)
Angora 9, 15, 112, **132–137**, 140
Ankara, Zoo 102
Ann Baker 42
Asian-Rassengruppe **254–261**
   Einfarbig 258, 259
   Schattiert 254, 255

Asian-Rassengruppe (Fortsetzung)
   Smoke 256, 257
   Tabby 238, 260, 261
   Tabby mit Ticking 238, 260
Asiatische Bengalkatze 347
Augen 388, 390
   -farbe 390, 391
   -form 388, 389
Australien 108, 240
Ayutthaya-Zeit 246

B
alinese **120–131**, 132, 140
Bengal **344–349**
Birma **34–39**, 40, 42,
   -, Erbkrankheiten der 34
Birma (Myanmar) 36, 264
Bombay **250–253**
Boyle, Sheryl Ann 140
Britisch Blau 167, **168**, 226
   (siehe auch Britisch Kurzhaar)
Britisch Kurzhaar 8, 160, **164–175**, 182, 188, 194, 214, 216, 315, 330, 370, 382
Buch der Katzengedichte 7, 246
Burmakatze 7, 112, 116, 160, 240, 244, 252, 253, 256, 315, 371, 389 (siehe auch Amerikanische Burma und Europäische Burma)

C

California Spangled **328–331**
Canadian Cat Association 276
Casey, Paul 330
Cat Fanciers' Association (CFA) 7, 12, 27, 80, 93, 103, 125, 140, 181, 191, 197, 201, 230, 262, 263, 267, 268, 286, 334, 339,
Centerwall, Willard, Dr. 347
CFA siehe Cat Fanciers' Association
Chantilly/Tiffany **112–115**
China 306
Chinchilla 19, 256
Colourpoint-Langhaar **28–33**
Cornish Rex 157, 308, **312–317**, 385
Cox, Beryl 320
Cymric **92–95**

D

Daly, Virginia 341
Devon Rex **318–323**, 385
DNS 360, 361
dominante Merkmale 362
Dorsey, Marion 125

E

Elizabeth Terrell 66
Ennismore, Nina 315
Erbkrankheiten 364, 365
Europäisch Kurzhaar 8, 157, **212–217**, 370

Europäische Burma 259, **268–273** (siehe auch Burmakatze)
Evans, Reaha 352
Exotisch Kurzhaar **158–163**

F

Faltohren 78, 186
Faltohrkatze **78–81**, **186–189**
Farben 366, 367, 368, 369, 370, 371, 372, 373
  geschlechtsgebundene 368, 369
Fédération Internationale Féline (FIFé) 7, 12, 72, 103, 119, 214, 226, 244, 271
Fellfarben 366, 367, 368, 369, 370, 371, 372, 373
  -, Agouti- 366, 367
  -, Zweifarbige 371
  -Gen für Farbdichte 368
  -Modifizierungsgen 368
  -Verdünnungsgen 368
  -Pigmentierung 367
  -Tabbymuster 367, 374–377
fernöstliche Rassen 384, 385
FIFé siehe Fédération Internationale Féline
Freret, Elizabeth 306

G

GCCF siehe Governing Council of the Cat Fancy
Genetik 360, 361, 362, 364, 365
Gesichtsform 87, 380, 381

REGISTER

Governing Council of the Cat Fancy (GCCF) 7, 12, 54, 72, 89, 119, 180, 214, 244, 271, 280, 326

H
avanna Braun **228–231**
Havana Brown 228, 231
Hinds-Daugherty, Dorothy 210
Horner, Nikki 253
Hyde, James T. 7

I
nsel Man 181

J
aguar 330
Japan 306
Japanische Stummelschwanzkatze **150–153**, **304–307**
 Langhaar 8, 9, 146, 148, **150–153**, 181, 384
 Kurzhaar **304–307**, 350, 384
Javanese 126, 132 (siehe auch Balinese)
Johnson, Jean 246

K
airo 330, 334
Kalifornien 42, 72, 125, 347
Kanada 108
Kartäuser **218–223**, 382, 389

Katzenausstellung im Crystal Palace (1871) 15, 17, 224, 282
Katzen-Genetik 360, 361, 362, 364, 365
Katzenpopulationen 382, 384
 in kalten Regionen 382, 383
 im Fernen Osten 384, 385
Khmer 33
Kirchberg, Miranda von 119
Koehl, Linda 145, 310
Kopfform 181
Korat **246–249**
Körperform 382, 383, 387
Kurilen-Stummelschwanzkatze **146–149**, 350

L
a Perm **142–145**, **308–311**
 Langhaar 82, **142–145**
 Kurzhaar **308–311**
Louisiana 77
Lund, Signe 112

M
adison Square Garden 7
Maine 49
Maine Coon 7, 8, 14, **46–57**, 142, 370, 383, 389
-, Gesichtsform der 46
Maine Shag 50
Mandalays 262
Manx 8, 92, 93, **176–181**, 330, 350, 382

Markstein, Peter 326
McGill, Ken 108
Meadows, Hal und Tommy 244
Mery, Fernand, Dr. 15
Mi-ke 304
Modifizierungsgen 368
Munchkin **74–77**, **204–207**
   Langhaar **74–77**
   Kurzhaar **204–207**
   -, Erbkrankheiten der 74, 77, 204
Mutationen 361, 364

N
ational Cat Club 7
Nebelung 15, **96–99**, 386
New York 7, 49, 112, 199
Newman, Jeri 84, 184
Nordafrika 237
Norwegen 61
Norwegische Waldkatze 8, 14, **58–63**, 64, 370, 383

O
cicat 9, 157, 338–343
   -, Kopfform der 341
Oregon 145, 310
Orientalisch Kurzhaar 9, 12, 132, 138, 228, 282, **292–303**, 315, 372, 385
Orientalisch Langhaar 132, 137, **138–141**
Ozelot 330

P
avie, Auguste 36
Perser **16-27**
   -, Gesichtsform der 22
Perserkatze 15, **16–27**, 28, 33, 49, 52, 84, 112, 116, 119, 158, 160, 168, 170, 222, 287, 318, 330, 381, 382
Philadelphia 210
Pietro della Valle 20
Pixiebob **354–355**

R
agdoll 8, **40–45**
rasselose Katzen 154, 155, 356, 357
   -, langhaarige 154, 155
   -, kurzhaarige 356, 357
Rassen mit Rexmutation 56, 82, 83, 84, 85, 157, 182, 183, 184, 185, 308, 323
Rexkatzen 82, 182, 308, 323
rezessive Merkmale 362, 369
RNS 361
Robertson, Janet 108
Robinson, Jennie 112
Ruga, Joe and Grace 72
Russisch Blau 96, 160, 224, 228, 231, 246, 386 (siehe auch Russisch Kurzhaar)
Russisch Kurzhaar 96, **224–227**, 386
Russland 66

Sanders, John und Brenda 352
Schottland 78
Schwanzlose Rassen 92, 93, 94, 95, 150, 151, 152, 153, 176, 177, 178, 179, 181, 304, 305, 306, 307, 350, 351, 352, 353
Scottish Fold **78–81**, **186–189**
  Langhaar **78–81**
  Kurzhaar **186–189**, 382
Selkirk Rex **82–85**, 142, **182–185**
  Langhaar **82–85**
  Kurzhaar **182–185**
Semi-Foreign-Rassen 386
Si-Sawat 246 (siehe auch Korat)
Siam 12, 28, 33, 36, 120, 125, 132, 137, 138, 157, 174, 208, 210, 226, 264, 274, 276, **280–291**, 292, 297, 302, 330, 338, 341, 384, 391
Siamese Club of Britain 297
Sibirische Waldkatze 8, 58, **64–69**, 383
Silson, Maureen 137
Singapura **242–245**
Snowshoe **208–211**, 352
Somali **106–111**
Sphynx **324–327**
Spotted Mist **238–241**
Staede, Truda, Dr. 240
Sugden, Jean 347
Syrien 222

Tabbymuster 367, 374, 375, 377
Tayside, Schottland 188
Thailand 7, 246, 282, 294
The International Cat Association (TICA) 7, 55, 64, 66, 77, 80, 89, 93, 103, 140, 145, 184, 191, 197, 201, 207, 210, 262, 268, 286, 326, 334, 352
Thompson, Joseph 264
TICA siehe The International Cat Association
Ticking 232
Tiffanie 15, **116–119**, 254
Tiffany siehe Chantilly/Tiffany
Todd, Neil 188
Tonkanese 264, **274–279**, 385
Troubetzkoy, Nathalie 334
Tsun-Kyan-Kse 36
Türkei 86, 102, 382
Türkisch Angora **100–105**, 154, 386
Türkisch Van **86–91**, 370, 371
Türkische Schwimmkatze 90

Verdünnungsgen 368
Vererbung 360, 361, 362, 364
Vererbungsmuster 363, 364

Weir, Harrison 7, 20, 167, 226

DANK

Wir danken den vielen Katzenbesitzern, die ihre Zeit geopfert haben, damit wir ihre Katzen fotografieren konnte. Ohne ihre Hilfe wäre dieses Buch nicht möglich gewesen.

Die Katzen der Porträtseiten werden nachfolgend Seite für Seite aufgeführt. Die Seitenzahlen stehen in **Fett**druck (die Platzierung: u = unten, o = oben, l = links, r = rechts, M = Mitte).

Jedem Katzennamen folgt der Name des Züchters und (in Klammern) des Besitzers. Angegeben werden auch alle Titel, welche die Katzen errungen haben: Champion (Ch), Grand Champion (GrCh), Premier (Pr), Grand Premier (GrPr), Supreme Grand Champion (SupGrCh), Supreme Grand Premier (SupGrPr), Europäischer Champion (EurCh) oder Internationaler Champion (IntCh).

Alle Dorling-Kindersley-Fotografien wurden von Tracy Morgan und Marc Henrie aufgenommen. Wir bedauern, dass es den Rahmen dieses Fotografennachweises sprengen würde, ausführliche Informationen zu den Fotos von Chanan and Tetsu Yamazaki zu liefern, deren Aufnahmen nicht vom Dorling Kindersley Verlag in Auftrag gegeben wurden.

16, 17, 18 alle Yamazaki; **19** *Mowbray Tanamera* D. Cleford (D. Cleford); **21** Chanan; **22** *Cashel Golden Yuppie* A. Curley (A.. Curley); **23** GrPr *Bellrai Faberge* B. & B. Raine (B. & B. Raine); **24** *Honeymist Roxana* M. Howes (M. Howes); **25** *Bellrai Creme Chanel* B. & B. Raine (B. & B. Raine); **26** *Adirtsa Choc Ice* D. Tynan (C. & K. Smith); **27** *Adhuilo Meadowlands Alias* P. Hurrell (S. Josling); **28** *Amocasa Beau Brummel* I. Elliott (I. Elliott); **30** *Impeza Chokolotti* C. Rowark (E. Baldwin); **31** *Anneby Sunset* A. Bailey (A. Bailey); **32–33** *Watlove Mollie Mophead* H. Watson (H. Watson); **34** Ml *Lizzara Rumbypumby Redted* G. Black (G. Black); ul *Chanterelle Velvet Cushion* L. Lavis (G. Black); **35** Ch. & GrPr *Panjandrum April Surprice* A. Madden (A. Madden); **36** *Schwenthe Kiska* F.E. Brigliadori (F.E. Brigliadori & K. Robson); **37** *Panjandrum Swansong* A. Madden (S. Tallboys); **38** *Saybrianna Tomorrow's Cream* A. Carritt (A. Carritt); **39** *Aesthetical Toty Temptress* G. Sharpe (H. Hewitt); **40** *Chehem Agassi* (Ch. Powell); **41** *Chehem BryteSkye* (Ch. Powell); **42–43** *Pandapaws Mr Biggs* S. Ward-Smith (J. Varley & J. Dicks); **44–45** *Rags n Riches Vito Maracana* Robin Pickering (Frau J. Moore); **46, 47, 48, 50, 51, 52** Chanan; **53** Ch *Keoka Ford*

Prefect; **54** GrCh *Adinnlo Meddybemps*; **55** *Keoka Max Quordlepleen* D. Brinicombe (D. Brinicombe); **56** *Keoka Aldebaran* D. Brinicombe (D. Brinicombe); **57** Ch *Keka Ursine Edward* D. Brinicombe (D. Brinicombe); **59** *Lizzara Bardolph* (Ginny Black); **60** *Skogens SF Eddan Romeo* A.S. Watt (S. Garrett); **61** *Tarakatt Tia* (D. Smith); **62** *Sigurd Oski* (D. Smith); **63** *Skogens Magni* A.S Watt (S. Garrett); **64, 65, 66** alle Yamazaki; **68** *Olocha* A. Danveef (H. von Groneberg); **69, 71** alleYamazaki; **73** Chanan; **74, 75, 76–77** alle Yamazaki; **78** Chanan; **79** Yamazaki; **82, 83** alle Yamazaki; **85** Chanan; **86** *Bruvankedi Kabugu* B. Cooper (B. Cooper); **87** *Cheratons Simply Red* Ehepaar Hassell (Ehepaar Hassell); **88** Ch *Lady Lubna Leanne Chatkantarra* T. Boumeister (J. van der Werff); **89** *Champion Cheratons Red Aurora* Ehepaar Hassell (Ehepaar Hassell); **90–91** *Bruvankedi Mavi Bayas* (R. Cooper); **92, 94–95** alle Chanan; **97, 98–99** alle Yamazaki; **100** *Shanna's Yacinta Sajida* M. Harms (M. Harms); **101** Chanan; **102** *Shanna's Tombis Hanta Yo* M. Harms-Moeskops (G. Rebel van Kemenade); **103, 104–105** alle Chanan; **106** *Bealltaine Bezique* T. Stracstone (T. Stracstone); **107** unbenanntes Jungtier; **108–109** *Dolente Angelica* L. Brisley (L. Brisley); **110–111** *Beaumaris Cherubina*, A. & B. Gregory (A. & B. Gregory); **113, 115** G. & T. Oraass; **117** *Favagella Brown Whispa* J. Bryson (J. Bryson); **118** *Kennbury Dulcienea* C. Lovell (K. Harmon); **120–121** *Palvjia Pennyfromheaven* J. Burroughs (T. Tidey); **122** GrPr *Nighteyes Cinderfella* J. Pell (J. Pell); **122–123** *Blancsanglier Rosensoleil* A. Bird (A. Bird); **123** Ch *Apricat Silvercascade* R. Smyth (E. & J. Robinson); **124** Pr *Blancsanglier Beau Brummel* A. Bird (A. Bird); **125** Pr *Pandai Feargal* E. Corps (B.V Rickwood); **126–127** *Jeuphi Golden Girl* J. Phillips (L. Cory); **128** GrPr *Nighteyes Cinderfella* J. Pell (J. Pell); **129** o Ch *Apricat Silvercascade* R. Smyth (E. & J. Robinson), u *Ronsline Whistfull Spirit* R. Farthing (R. Farthing); **130** *Dasilva Tasha* J. St. John (C. Russel & P. Scrivener); **131** *Mossgems Sheik Simizu* M. Mosscrop (H. Grenney); **132–133** *Chantonel Snowball Express* R. Elliott (R. Elliott); **134** *Palantir Waza Tayriphyng* J. May (J. May); **135** *Lipema Shimazaki* P. Brown (G. Dean); **136–137** *Quinkent Honey's Mi-Lei-Fo* I.A. van der Reckweg (I.A. van der Reckweg); **139, 141** alle Chanan; **143, 145** alle Yamazaki; **146–147, 148–149** alle K. Leonov; **151** alle Chanan; **152–153** alle Yamazaki; **154** *Maggie* (Bethlehem Cat Sanctuary); **155** *Dumpling* (Bethlehem Cat Sanctuary); **158** Chanan; **159** Yamazaki; **160** *Pennydown Penny Black* S.W. McEwen (S.W. McEwen); **161** o Yamazaki, u Chanan; **162–163** alle Yamazaki; **164** GrCh *Starfrost Dominic* E. Conlin (C. Greenal); **165** Ch *Sargenta Silver Dan* U. Graves (U. Graves); **166** GrCh *Maruja Samson* M. Moorhead (M. Moorhead); **167** *Susian Just Judy* S. Kempster (M. Way); **168** *Miletree Black Rod* R Towse (R. Towse); **169** Ch &

SupGrPr *Welquest Snowman* A. Welsh
(A. Welsh); **170** *Miletree Magpie* R.
Towse (M. le Mounier); **172** Ch *Bartania
Pomme Frits* B. Beck (B. Beck); **173** o
Kavida Kadberry L. Berry (L. Berry), M
GrCh *Westways Purrfect Amee* A West
(G.B. Ellins); **174** *Cordelia Cassandra* J.
Codling (C. Excell); **175** *Kavida Misty
Daydream* L. Berry (L. Berry);
177 Yamazaki; **178** *Minty* L. Williams
(H. Walker & K. Bullin); **179** *Adrish
Alenka* L. Price (L. Williams);
180 Chanan; **181, 182** alle Yamazaki;
185 Chanan; **186, 187, 189, 190** alle
Yamazaki; **192, 193, 194, 195, 197,
198–199, 201** alle Chanan;
203, 204–205, 206, 207 alle Yamazaki;
209, 210, 211 alle Chanan; **213** *Aurora
de Santanoe* L. Kenter (L. Kenter);
214 *Eldoria's Yossarian* O. van Beck & A.
Quast (O. van Beck & A. Quast);
215 IntCh *Orions Guru Lomaers* (Mulder-
Hopma); **216** *Eldorias Goldfinger*,
217 *Eldoria's Crazy Girl*, **219** Ch *Comte
Davidof de Lasalle*, **220** *Donna Eurydice de
Lasalle*, **221, 222–223** IntCh *Amaranthoe
Lasalle*, alle K. ten Broek (K. ten Broek);
224 *Astahazy Zeffirelli* (M. von Kirch-
berg); **227** Yamazaki; **228–229, 230** alle
Chanan; **231** Yamazaki; **232–233**
Karthwine Elven Moonstock R. Clayton
(M. Crane); **234** o und ul Ch *Anera Ula*
C. Macaulay (C. Symonds), uM *Braeside
Marimba* H. Hewitt (H Hewitt);
235 GrCh *Emarelle Milos* MR Lyall
(R Hopkins); **236** *Satusai Fawn Amy*
I. Reid (I. Reid); **237** *Lionelle Rupert Bear*
C. Bailey (C. Tencor); **239, 240–241** alle
T. Straede; **243** *Silvaner Pollyanna*, **244–
245** *Silvaner Kuan*, alle C. Thompson
(C. Thompson); **249** *Phoebe* (F. Kerr);
247, 248 GrCh *Aerostar Spectre* J.E.D.
Mackie (S. Callen & I. Hotten);
250, 251 alle Chanan; **252–253** alle
Yamazaki; **254** *Ballego Betty Boo* J. Gillies
(J. Gillies); **255** *Kartuch Benifer* C. & T.
Clark (C. & T. Clark); **256** *Vatan Mimi*
D. Beech & J. Chalmers (J. Moore);
257 *Lasiesta Blackberry Girl* G.W. Dyson
(G.W. Dyson); **258** *Boronga Blaktortie
Dollyvee* P. Impson (J. Quiddington);
259 *Boronga Black Othello* P. Impson
(J. Thurman); **260** *Vervain Goldberry*
N. Johnson (N. Johnson); **261** *Vervain
Ered Luin* N. Johnson (N. Johnson); **262,
264, 265, 266, 267** alle Chanan; **268**
GrCh *Bambino Alice Bugown* B. Boizard
Neal (B. Boizard Neal); **269** Ch *Bambino
Seawitch* B. Boizard Neal (B. Boizard
Neal); **270** *Impromptu Crystal M* Garrod
(M. Garrod); **271** *Braeside Red Sensation*
H. Hewitt (H. Hewitt); **272** Ch *Hobberdy
Hokey Cokey* A. Virtue (A. Virtue);
273 Ch *Bambino Dreamy* B. Boizard Neal
(B. Boizard Neal); **275** *Romantica Marcus
Macoy* (Frau Davison); **276** *Grimspound
Majesticlady* Frau Hodgkinson (Frau
Hodgkinson); **277** *Tonkitu's Adinnsh Xin
Wun* D. Burke (D. Burke); **278** *Tonkitu
Mingchen* D. Burke (D. Burke);
279 *Episcopus Leonidas* (Frau Murray-
Langley); **281** Ch *Pannaduloa Phaedra*
J. Hansson (J. Hansson); **282** Yamazaki;
283 Ch *Willowbreeze Goinsolo* Ehepaar
Robinson (T.K. Hull-Williams);
284, 285 alle Yamazaki;

286 GrCh *Dawnus Primadonna*
A. Douglas (A. Douglas);
287 GrCh *Pannaduloa Yentantethra*
J. Hansson (J. Hansson);
288 Ch *Darling Copper Kingdom*
I. George (S. Mauchline);
289 or *Mewzishun Bel Canto* A.
Greatorex (D. Aubyn), ul *Indalo Knights
Templar* P. Bridham (P. Bridham);
290 *Merescuff Allart* (E. Mackenzie-
Wood); **291** Ch *Sisar Brie* L. Pummell
(L. Pummell); **293** *Jasrobinka
Annamonique* P. & J. Choppen
(P. & J. Choppen); **294** ol *Tenaj Blue
Max* J. Tonkinson (K. Iremonger),
r *Simonski Sylvester Sneakly* S. Cosgrove
(S. Cosgrove), u ChPr *Adixish Minos
Mercury* A. Concanon (A. Concanon);
295 GrCh *Sukinfer Samari* J. O'Boyle
(J. O'Boyle); **296** *Simonski Sylvester
Sneakly* S. Cosgrove (S. Cosgrove);
297 GrPr *Jasrobinka Jeronimo* P. & J.
Choppen (P. & J. Choppen);
298 *Saxongate Paler Shades*
(D. Buxcey); **299** *Adhuish Tuwhit
Tuwhoo* N. Williams (N. Williams);
300 *Parthia Angelica* M.A. Skelton
(M.A. Skelton); **301** *Sunjade Brandy
Snap* E. Wildon (E. Tomlinson);
302 *Scilouette Angzhi* C. & T. Clark
(C. & T. Clark); **303** *Scintilla Silver
Whirligig* P. Turner (D. Walker);
305 Yamazaki; **306–307** *Ngkomo Ota*
A. Scruggs (L. Marcel); **309, 311** alle
Yamazaki; **313** *Myowal Rudolph*
J. Cornish (J. Compton);
314 Pr *Adkrish Samson* P.K. Weissman
(P.K. Weissman); **315** *Leshocha Azure*

My Friend E. Himmerston
(E. Himmerston); **316, 317** alle
Chanan; **318** *Adhuish Grainne* N. Jarrett
(J. Burton); **319** UKGrCh *Nobilero Loric
Vilesilenca* A.E. & R.E. Hobson
(M Reed); **320** Pr *Bobire Justin Tyme*
I.E. Longhurst (A. Charlton);
321 GrCh *Ikari Donna* S. Davey
(J. Plumb); **322** GrPr *Bevilleon Dandy
Lion* B. Lyon (M. Chitty); **323** *Myowal
Susie Sioux* G. Cornish (J. & B. Archer);
324 *Reaha Anda Bebare* S. Scanlin
(A. Rushbrook & J. Plumb);
325, 326–327 alle Yamazaki;
329, 331 alle Chanan; **333, 334, 335,
336–337** alle Yamazaki; **338** Chanan;
339 Yamazaki; **340, 341** Chanan;
342 Yamazaki; **343** Chanan; **344**
Gaylee Diablo M. Nicholson
(M. Nicholson); **345** *Gaylee Diablo*
M. Nicholson (M. Nicholson);
346 Chanan; **348–349** *Gaylee Diablo*
M. Nicholson (M. Nicholson);
351, 352–353, 354, 355 alle
Yamazaki; **356** *Friskie* (Bethlehem Cat
Sanctuary); **357** o Name unbekannt,
M Name unbekannt Jane Burton, u
Sinbad Sailor Blue (V. Lew)